unità 1 - IN CERCA DI LAVORO

Parliamo di lavoro

1 Ascolta le persone che parlano del loro lavoro e indica di quali mestieri si tratta.

1 segretaria; 2 vigile; 3 medico; 4 insegnante;
5 dirigente; 6 rappresentante; 7 ingegnere; 8 ragioniere;

2 Quale dei mestieri delle figure non hai sentito?

Dirigente

4 Adesso riunisci gli aggettivi che hai scelto per coppie di contrari.

1 Malpagato / remunerativo
3 Interessante / noioso
5 Ricercato / dimenticato
7 Nero / legale

2 Divertente / triste
4 Stancante / leggero
6 Stabile / precario

Gli annunci

7 Leggi gli annunci e completa la tabella.

	Annuncio n.1	Annuncio n.2	Annuncio n.3	Annuncio n.4
Tipo di lavoro	Segretaria part-time	Rappresentate di zona	Ingegnere civile	Insegnante di tedesco
Ditta	Agenzia immobiliare	Azienda farmaceutica	Azienda di costruzioni Building World Italia	Scuola privata di lingue
Salario		1000 €		20 € all'ora
Titolo di studio richiesto			Laurea in ingegneria civile	Laurea in lingue
Qualifiche / Caratteristiche richieste	Buona conoscenza inglese scritto e parlato, uso computer	35/40 anni, comunicativo, intraprendente. Gradita breve esperienza nel settore	Dinamico, disposto a lavorare all'estero, conoscenza perfetta della lingua inglese	Esperienza, serietà, motivazione
Luogo di lavoro	Reggio Emilia	Emilia-Romagna	Estero	
Come contattare la ditta	Spedire CV a Futurcasa Via Carducci, 30, 42100 Reggio Emilia.	Inviare Curriculum dettagliato a: Casella Postale 123/C 43100 Parma	Inviare Curriculum vitae dettagliato a: Building World Italia Via Risorgimento 45 202345 Milano.	Telefonare orario ufficio: 0521 785564

L'ITALIANO IN AZIENDA

8 Trova il lavoro giusto per Luigi tra gli annunci precedenti.

Annuncio n. 3.

9 Luigi ha deciso di mandare il suo Curriculum Vitae. Metti in ordine i suoi appunti.

CURRICULUM VITAE

Dati personali
Nome e cognome: Luigi Ferrari
Data di nascita: 01.09.1971
Nazionalità: italiana
Stato civile: celibe
Indirizzo: Via Mazzini 10 - Parma
Telefono e e-mail: 0521-564073 - Lferrari@tin.it
(servizio militare) Militesente

Esperenza professionale
1995-1997 assistente presso lo studio "Ing. Canali", Parma.
1998-2001 assistente del direttore di cantiere presso la Ditta Edilcantieri

Studi compiuti
1989 diploma di maturità scientifica
1995 laurea in Ingegneria Civile presso l'Università degli Studi di Parma.

Lingue straniere
Ottimo inglese scritto e parlato, buona conoscenza del tedesco

Interessi
Architettura, musica classica, informatica.

L'ITALIANO AL TELEFONO

La convocazione per il colloquio

1 Ascolta il messaggio che Luigi trova nella segreteria telefonica e rispondi alle domande.

1 L'ufficio personale delle ditta Building World Italia.
2 A Milano il 24 novembre prossimo.
3 Luigi deve telefonare alla ditta per confermare l'incontro.

2 Ascolta la telefonata e metti in ordine le frasi che seguono.

1. c   2. g   3. e
4. a   5. i   6. b
7. d   8. f   9. h

Il colloquio di lavoro

4 Indica se i consigli che seguono corrispondono a quelli della lettura.

a/no; b/sì; c/no; d/sì; e/sì; f/no.

chiavi

5 Ascolta l'inizio del colloquio, quali errori commette la candidata?

Si vanta troppo dei buoni risultati scolastici.
Si dilunga troppo nei particolari dei corsi di lingue seguiti.
È un po' indecisa quando parla del suo lavoro attuale.

6 Ascolta il nuovo colloquio e rispondi alle domande.

a Claudio Alfieri è il direttore del personale.
b Il candidato si chiama Marco Medioli.
c Si presenta per il posto di rappresentante di medicinali.
d Ha il diploma di perito chimico.
e Ha lavorato per un anno presso una piccola fabbrica di prodotti alimentari.
  Da due anni lavora presso una fabbrica di medicinali.
f Sì è soddisfatto. Ha un buon rapporto con la ditta e con i clienti.
g Perché la sede della ditta è a Roma, molto lontano dalla sua città.
h La sede del nuovo lavoro sarebbe a Modena, la sua città.

LA CULTURA DEGLI AFFARI

Il colloquio perfetto

1 A coppie. Osservate attentamente le immagini di 5 candidati a un colloquio di lavoro.

4 Il ragazzo è vestito bene, guarda in faccia i suoi esaminatori, sembra calmo e sorride.

GRAMMATICA

Usi del presente indicativo

1 Completa le frasi con i verbi del riquadro.

2 cerca; 3 si occupa; 4 commercia; 5 usa; 6 partecipa; 7 si trasferisce;
8 svolgono; 9 lavora; 10 rimango.

2 Indica con quale valore è usato il presente nell'esercizio 1.

a/2, 3, 6; b/4, 8, 9, 10; c/1, 5, 7.

Il passato prossimo

3 Scrivi il participio passato dei seguenti verbi regolari.

2 convocato; 3 seguito; 4 informato; 5 commerciato; 6 venduto; 7 approfondito;
8 esaminato; 9 giudicato; 10 trasferito; 11 ricevuto.

4 Scrivi il participio passato dei seguenti verbi irregolari.

2 rimasto; 3 svolto; 4 richiesto; 5 introdotto; 6 risposto; 7 risolto; 8 scritto; 9 costretto; 10 permesso.

L'ITALIANO IN AZIENDA

5 Metti le frasi al passato prossimo.

2 ha costretto; 3 siamo arrivati; 4 abbiamo esaminato; 5 ha commerciato; 6 è rimasta;
7 si è trasferito; 8 si è occupata.

6 Fai l'accordo del participio dove necessario.

2 La sede della ditta si è trasferita a Napoli.
3 Signorina, ha scritto le lettere di convocazione? Sì, le ho appena scritte.
4 Abbiamo richiesto un nuovo computer.
5 Vi hanno convocato per il nuovo lavoro?
6 I miei colleghi sono partiti per un viaggio d'affari di tre giorni.
7 Al convegno hanno partecipato tutte le industrie italiane del settore.
8 E' arrivata la nuova insegnante? Sì, è appena entrata in classe.

7 Leggi il messaggio e-mail. Scegli tra i verbi del riquadro e decidi il tempo (presente o passato prossimo).

2 sono andato; 3 ha fatto; 4 sono rimasto; 5 ha detto; 6 trovo; 7 ho conosciuto;
8 le ho viste; 9 sono sembrate; 10 indovino; 11 prometto.

unità 2 - ENTRIAMO IN AZIENDA

Fare le presentazioni

**1 Guarda le immagini. Cosa stanno facendo queste persone?
Si tratta di situazioni formali o informali?**

1 informale
2 formale
3 formale
4 formale/informale La persona più anziana può dare subito del tu a quella più giovane, soprattutto se quella più giovane occupa un grado inferiore.

2 Ascolta i dialoghi e abbinali alle immagini precedenti.

a/2; b/1; c/4; d/3:

3 Completa i dialoghi con le espressioni che seguono.

A: c, f, h.   B: a, d.   C: l, g, e, b.

I titoli

5 Abbina ogni professione all'immagine giusta.

a/4; b/1; c/2; d/3.

chiavi

6 Scrivi per ogni titolo la forma completa.

Spettabile; Egregio; Avvocato; Cavaliere; Ragioniere; Ingegnere; Professore; Dottore; Commendatore; Dottore; Dottoressa; Professore; Professoressa; Onorevole.

7 Abbina i biglietti da visita ai dialoghi poi inserisci le informazioni mancanti negli spazi.

1/D; 2/B; 3/A; 4/C.

A Cav. Paolo Di Napoli 62100.
B Studio legale – consulenti per aziende – Avv. Giancarlo Ronda
C Regista speronim@tin.it.
D Geom. Luca Ombrato responsabile di cantiere.

Parliamo di un'azienda

11 Ascolta il dialogo e completalo con le informazioni mancanti.

Vedi trascrizioni.

**12 Trova nel dialogo i termini a cui si riferiscono queste definizioni.
Le definizioni dei verbi sono all'infinito.**

1 gestire (gestiscono); 2 soci; 3 consumatori; 4 dipendenti; 5 settore.

13 Completa la tabella con le informazioni del dialogo.

	COOP
Centro di direzione	Associazione Nazionale Cooperative di Consumatori
Aziende a livello nazionale	235
Punti vendita	1.300
Dipendenti	35.000
Soci	3.500.000

LA STRUTTURA DI UNA AZIENDA

14 Paolo sta guardando lo schema della "Divisione supermercati" della COOP per imparare a conoscere le strutture e le persone del suo ambiente di lavoro. Rispondi alle domande.

1 Il responsabile delle risorse umane.
2 Il responsabile del marketing.
3 Il responsabile amministrazione commerciale e controllo.
4 Il responsabile di settore.
5 Il settore manutenzione.
6 Il responsabile di area.
7 Gli assistenti merceologici vendite.

L'ITALIANO IN AZIENDA

15 Osserva i diversi settori di un'azienda e inserisci i termini che seguono nel settore giusto.

A personale, formazione;
B controllo qualità, fabbricazione, manutenzione, spedizione, imballaggio;
C pubblicità, assistenza post-vendita;
D salari, servizi finanziari, contabilità clienti, acquisti, vendite.

18 Trovate nel brano i sinonimi di queste espressioni.

1 autovetture
3 fatturato
5 impiegano
7 veicoli
2 stabilimenti
4 esportazione
6 industrializzazione

20 Adesso raccogliete i termini e le espressioni che avete incontrato fino a ora nello schema che segue.

RISORSE UMANE	FABBRICA	FINANZA, SOLDI	MERCI, OGGETTI DELLA PRODUZIONE INDUSTRIALE	VERBI
Soci Consumatori Dipendenti Personale Formazione	Imballaggio Spedizione Manutenzione Spedizione Assistenza post-vendita Fabbricazione Controllo qualità Stabilimenti Industrializzazione	Salari Acquisti Servizi finanziari Vendite Contabilità clienti Fatturato Esportazioni	Autovetture Trattori Veicoli	Gestire Impiegare

LA CULTURA DEGLI AFFARI

Presentazioni, facciamo il punto.

1 Leggi le affermazioni che seguono e indica quelle esatte.

1; 3; 5; 7; 9; 10; 11;

L'ITALIANO AL TELEFONO
Primi contatti

1 Paolo ha ricevuto l'incarico di mettersi in contatto con il responsabile di settore. Ascolta la telefonata e rispondi alle domande.

1 Dott Fieschi.
2 No.
3 Nel pomeriggio.

chiavi

2 Ascolta ancora una volta la telefonata e scrivi le espressioni che corrispondono a quelle qui elencate.

1 Vorrei parlare con il dottor Fieschi.
2 Il dottor Fieschi non è in ufficio.
3 Vuole lasciare un messaggio?
4 Dovrebbe rientrare nel pomeriggio.
5 Richiamerò.
6 Grazie e arrivederla.

4 Indica quali affermazioni corrispondono a quelle della telefonata.

Affermazione 2.

CORRISPONDENZA COMMERCIALE

Esperienze di lavoro - La lettera formale

1 Completa con le espressioni o le parole del riquadro che possono sostituire le due della tabella.

1, 3, 4, Un bacio.   2, 5, Cara.

La circolare informativa

4 Inserisci nella circolare che segue l'oggetto e la spiegazione adatta tra quelle suggerite.

Oggetto coordinate bancarie;   Restiamo a disposizione per ulteriori chiarimenti.

5 Crea tre circolari usando i pezzi di lettere che trovate qui elencati.

Circolare 1:   1/L; 2/F; 3/C; 4/G;
Circolare 2:   1/E; 2/H; 3/G;
Circolare 3:   1/I; 2/D; 3/B; 4/M;

GRAMMATICA

Gli usi dell'imperfetto indicativo - Gli usi di stare+gerundio

1 Metti i verbi all'imperfetto.

1 arrivavamo; 2 bevevo; 3 ero; 4 faceva; 5 mi piaceva; 6 lavoravo; facevo; 7 pretendeva; 8 lavoravate; arrivavate; 9 smetteva; correva; 10 aspettavano; correvano.

2 Metti i verbi all'imperfetto.

2 preparavo; 3 finivo; 4 navigavo; 5 batteva; discuteva; mangiavo; 6 uscivo; 7 mi faceva; 8 eravamo; 9 guardavamo; 10 telefonava; diceva.

L'ITALIANO IN AZIENDA

3 Scrivi i verbi tra parentesi ai tempi giusti (presente, passato prossimo, imperfetto.

state; procedono; vedo; mi invitate; va; lavoro; ho; mi piace; devo; sono; abitavo; era; mi alzavo; ero; metto; ho; ricordate; ci trovavamo; ci facevamo; posso; vi ricordate; mangiavamo; ha cominciato; ero, bevevo; è passato; mi ha visto; ha detto; vi saluto; aspetto.

4 Metti i verbi alla forma "stare+gerundio" sia al presente che all'imperfetto.

1 stai facendo; 2 stavamo discutendo, state lavorando; 3 stiamo lavorando; 4 sto facendo; 5 stavo studiando; 6 stavano aggiustando; 7 stai leggendo; 8 stiamo facendo.

unità 3 - FACCIAMO PUBBLICITÀ

La pubblicità

2 Pubblicità dove? Abbina le immagini alle parole.

1/f; 2/b; 3/d; 4/a; 5/g; 6/e; 7/c.

3 Indica tra i verbi che seguono quelli che possono essere usati come sinonimi di fare pubblicità.

Reclamizzare, pubblicizzare, propagandare, promuovere, divulgare, far conoscere, diffondere.

4 Leggi le frasi e inserisci i termini degli esercizi precedenti al posto giusto. Attenzione! I verbi devono essere coniugati dove necessario.

1 propagandare, pubblicizzare, reclamizzare, fare pubblicità, far conoscere, diffondere, promuovere.
2 annuncio radiofonico
3 volantini
4 promuovere, diffondere (pubblicizzare, reclamizzare).
5 cartellone
6 diffondere
7 lettera
8 spot
9 banner
10 diffondere, promuovere, propagandare.

Esigenze e caratteristiche

7 Osserva le immagini e abbinale con l'azione richiesta tra quelle elencate.

1/c; 2/f; 3/a; 4/e; 5/b; 6/d.

9 Ascolta il dialogo e fa' le attività.

a Tavoli per computer.
b Un amico che ha un tavolo che gli è piaciuto molto e diversi siti Internet

chiavi

c E' andata in un negozio specializzato. Ha comprato una rivista specializzata.
d 1 caratteristiche tecniche, 2 prezzo, 3 data di consegna, 4 modalità di pagamento.

10 Ascolta la continuazione del dialogo e riempi la tabella precedente con le nuove informazioni.

FONTI DI INFORMAZIONE	1 Caratteristiche tecniche	2 Prezzo	3 Data di consegna	4 Modalità di pagamento
A Internet	posto sotto il piano di lavoro per la stampante, piano estraibile per il mouse, raccoglitori per i cavi	€ 1930	Tra una settimana	On line con carta di credito
B Rivista specializzata	Caratteristiche simile al tavolo del negozio	€ 1800 escluso montaggio	Tra 15 giorni	
C Negozio	Simili a quelle proposte sul sito Internet con possibilità di più colori	€ 2100	Tre giorni lavorativi	Possibilità di pagamento in tre rate mensili; in caso di pagamento in contanti alla consegna sconto del 5%

11 Ascolta l'ultima parte del dialogo e scrivi le espressioni mancanti.

1 secondo me
2 la mia opinione
3 sono assolutamente d'accordo
4 io sono dell'opinione che
5 abbiamo bisogno
6 dobbiamo chiedere
7 bisogna ricordarsi

12 Abbina a ogni definizione l'espressione giusta.

a Come e quando pagare. Termini di pagamento.
b Pagamento quando la merce arriva a destinazione. Pagamento alla consegna.
c Assicurazione data da un venditore sulla qualità di un prodotto, per esempio: impegno a cambiarlo o aggiustarlo senza un ulteriore pagamento in caso di rottura o cattivo funzionamento. Di solito il prodotto acquistato è accompagnato da un foglio in cui è stabilito per quanto tempo si può avere questo tipo di assistenza.
Anche questo documento si chiama garanzia. Garanzia.
d Aiuto nel montare un prodotto, cioè nell'operazione in cui si mettono insieme i vari pezzi di cui è formato un oggetto. Assistenza per il montaggio.
e Azione di portare il prodotto alla destinazione finale. Consegna.
f Documento in cui il venditore indica il prezzo dei prodotti o servizi e i dati di chi deve pagare, oltre a diverse altre informazioni obbligatorie e non. Fattura (intestata alla ditta).
g Carta di credito non di una singola persona, ma di una ditta. Carta di credito aziendale.

L'ITALIANO IN AZIENDA

L'ITALIANO AL TELEFONO

1 Ascolta la telefonata e volta per volta scegli tra le possibilità date quella che ritieni essere la più giusta per il contesto. Hai 10 secondi di tempo per ogni risposta, poi la telefonata continua.

A1:b; A2:a; A3:c.

2 Ascolta la prossima telefonata e prendi appunti.

1: Finil informatica   2: L' Arca trasporti   3: 667589
4: Bologna   5: Firenze.

3 Adesso leggi la telefonata e sostituisci le espressioni sottolineate scegliendole tra quelle proposte. Attenzione! Due tra quelle proposte per ogni gruppo sono giuste.

1: a, c; 2: a, c; 3:b, c; 4: a, b; 5: a, b; 6: b, c.

5 Il tuo capo ti ha lasciato una telefonata da fare. Chiama la ditta e fa' quello che ti dice il promemoria. Attenzione! Devi rispondere subito dopo la parte registrata.

Varie risposte possibili. Ascoltare l'attività 6.

6 Ora ascolta la registrazione della conversazione completa e confronta le tue risposte.

Vedi trascrizioni.

**7 Telefoni a un cliente per fissare un appuntamento molto urgente, ti risponde la sua segreteria telefonica. Secondo te quali informazioni devi assolutamente lasciare nella segreteria?
Scegli tra quelle proposte:**

a, c, d, e, g, i.   Ordine: c, d, e, i, a, g.

CORRISPONDENZA COMMERCIALE

Richieste di informazioni

1 Leggi le tre intestazioni con gli indirizzi dei destinatari e abbinali alle tre lettere che seguono.

1/C; 2/A; 3/B

2 Adesso abbina a ogni lettera il suo OGGETTO.

1/lettera B; 2/lettera C; 3/lettera A.

3 Indica a quali delle tre lettere si riferiscono le informazioni che seguono.

1/C; 2/B; 3/A; 4/B; 5/C; 6/A; 7/C; 8/B; 9/B; 10/C.

chiavi

4 Adesso abbina alle informazioni dell'esercizio precedente la frase originale del testo delle lettere.

1 abbiamo visto la Vostra pagina pubblicitaria sulla rivista Ufficio 2000.
2 che vi preghiamo di rispedirci compilato.
3 le scriviamo per informarla che la rata bimestrale del suo abbonamento alla nostra rivista Scripta manent è scaduta.
4 unitamente ai dati di produzione dei prodotti.
5 gradiremmo ricevere una documentazione dettagliata
6 Qualora nel frattempo avesse già provveduto al versamento della quota
7 Attendiamo una Vostra sollecita risposta
8 secondo quanto richiesto dalle norme
9 Confidando nella vostra cortesia e collaborazione
10 i vostri prodotti hanno attirato la nostra attenzione

5 Raggruppa le formule di saluto elencate nelle apposite tabelle.

RAPPORTI NORMALI	RAPPORTI FORMALI	RAPPORTI CORDIALI
Distinti saluti	Voglia gradire con l'occasione i miei più sinceri saluti	Cordiali saluti
Nell'attesa di Vostre notizie, porgiamo distinti saluti	La ringrazio sentitamente e porgo i miei saluti più distinti	Un cortese saluto
In attesa di un Vostro sollecito riscontro, distinti saluti		Scusandoci ancora per l'accaduto, inviamo cordiali saluti

LA CULTURA DEGLI AFFARI

Culture a confronto

1 Leggi la frase che segue poi scegli la spiegazione che ritieni più giusta applicata al contesto italiano.

La risposta giusta è la c, ma anche le altre risposte contengono aspetti parzialmente veri anche se non in modo così esagerato.

GRAMMATICA

I pronomi

1 Completa con il pronome.

2 loro; 3 lui; 4 lei; 5 te; 6 me; 7 voi; 8 noi.

2 Metti i pronomi diretti o indiretti.

2 ci; 3 vi; 4 ci; 5 poterli; 6 poterlo; 7 vi; 8 ci.

L'ITALIANO IN AZIENDA

3 Metti i pronomi e accorda con il participio passato se necessario.

1 mi; 2 l'ha vista; 3 l'ho 4 vista; 5 mi; 6 dirle; 7 chiamarla; 8 parlarle; 9 La.

4 Riscrivi le frasi con i pronomi combinati.

2 Te l'ho portato.
4 Ce ne ha parlato.
6 Me lo scriverà presto.
8 Fartela vedere.
3 Ve lo farà vedere.
5 Gliele abbiamo dette.
7 Te lo mostro.

5 Inserisci i pronomi.

2 vi; 3 ci, vi; 4 gli; 5 gliel'ho; 6 ti, lo.

unità 4 - PREPARARE UN VIAGGIO

PROMEMORIA

1 Leggi il promemoria e rispondi alle domande.

1 A Lucio Borrini e al dott. Filippo Ranzoni, per conoscenza.
2 Alberta Ferretti.
3 La ditta Fereoli.
4 Parma.
5 Il 10 e11 aprile.
6 Per una notte.
7 Aereo.
8 Via Internet.
9 Una cartella con la documentazione sui bisogni attuali della ditta e altre eventuali necessità, un floppy disk con la stessa documentazione. Dépliant illustrativi generali e dettagliati della ditta, videocassetta e Demo Cd-rom.
10 No, devono essere rimandati alla settimana seguente.
11 No.

I due più famosi prodotti gastronomici che vengono prodotti nella provincia di Parma sono il prosciutto e il formaggio grana o parmigiano.

2 Cerca nel promemoria i sinonimi di questi termini o abbina le immagini al termine giusto.

1 Disdire; 2 dépliant; 3 contattare telefonicamente; 4 rimandare; 5 b; 6 a; 7 apposita; 8 prenotare.

Programma

4 Ascolta il dialogo e indica se le affermazioni sono vere o false.

1 F; 2 V; 3 F; 4 V; 5 V.

chiavi

5 Adesso riascolta il dialogo e riempi l'agenda con gli impegni di Alberta.

10,00   arrivo a Parma
10,30   arrivo a Langhirano
14,30   appuntamento allo stabilimento Fereoli
15,00   visita salatore
16,00   visita salatore
17-19   spuntino
        discussione
20,30   cena.

8 Adesso ascoltate la continuazione del dialogo tra Alberta e Lucio e controllate se le vostre previsioni erano giuste.

 7,30   Sveglia.
 9,00   In ditta. Discussione contratto di collaborazione definitivo.
12,00   Telefonare a Lucio per suggerimenti e aggiunte contratto.
13,00   Pranzo alla mensa dello stabilimento.
14,30   Possibile variazioni e aggiunte contratto. Firma contratto
19,15   Bologna volo ritorno.
20,00   Arrivo a Roma.
        Finalmente a letto!

9 Leggi il brano e trova per ogni espressione sottolineata la sua definizione tra quelle proposte.

1 Severissimi: rigorosissimi
2 Spinta: impulso
3 Relativo alla catena dei monti Appennini: appenninico
4 Vento leggero: brezza
5 Mite, non fredda: temperata
6 Vecchie e che durano anni: annose.

10 Indica se le affermazioni che seguono sono vere o false.

1/F; 2/V; 3/V; 4F; 5/V; 6/V; 7/F; 8/V.

CORRISPONDENZA COMMERCIALE

La risposta alla richiesta di informazioni

**1 Devi prenotare una stanza in un albergo per una persona per una notte e hai scritto una richiesta di informazioni. Quali informazioni hai chiesto?
Scegli tra quelle elencate.**

- prezzo della camera singola per notte.
- disponibilità stanze per la data che ti interessa
- modalità di pagamento
- colazione inclusa
- camera con bagno

L'ITALIANO IN AZIENDA

2 Ora leggi il fax di risposta dell'albergo. Hai ricevuto tutte le informazioni che avevi chiesto?

sì

3 Adesso trova nel testo le espressioni che possono sostituire quelle che seguono.

a in risposta al Suo fax del
b Resto a sua disposizione per ulteriori informazioni
c Qualora intendesse
d in risposta al Suo fax del
e Resto a sua disposizione per ulteriori informazioni.

L'ITALIANO AL TELEFONO

1 Ascolta la telefonata. A un certo punto ci sono problemi di comunicazione. Cosa succede esattamente?

Ci sono delle interferenze.

2 Quali espressioni usano Lucia e Lucio quando non riescono a sentire bene? Scegline cinque.

- Mi scusi ma non capisco...
- C'è un'interferenza...
- Mi sente adesso?
- Può ripetere per favore?
- Sì, adesso la sento bene, diceva?

3 Adesso indica se le affermazioni sono vere o false.

1/F; 2/V; 3/F; 4/V; 5/F, 6/; 7F.

	DATA	N° VOLO	PARTENZA	ARRIVO	AEROPORTO
ANDATA	10 Aprile	AZ 453 7.35	8,40	Bologna	Marconi
RITORNO	11 aprile	AZ 456 19.15	20 Roma	Fiumicino	

6 Quali espressioni useresti per concludere gentilmente una telefonata in cui hai chiesto informazioni? Scegli tra quelle che senti e scrivile.

1 La ringrazio per le informazioni e la saluto.
2 Grazie per il momento, arrivederci.
3 Benissimo, è stata/o molto gentile, buongiorno.
4 Grazie mille, buongiorno.

7 Adesso scegli la risposta finale della persona a cui hai chiesto informazioni.

- Non c'è di che, buongiorno.
- Si figuri, arrivederci.
- Prego, buongiorno.

CORRISPONDENZA COMMERCIALE

Il fax di conferma

1 Scrivi all'agenzia di viaggio per confermare il volo di cui hai parlato al telefono. Scegli tra le possibilità proposte e scrivi il fax.

1 C, D; 2 A, B, D.; 3 A, C, D; 4 B, C; 5 B, C.

LA CULTURA DEGLI AFFARI

Questioni di tempo

2 Come hai visto il concetto di tempo in Italia è abbastanza elastico. Leggi le frasi che seguono e cerca di indovinare quali potrebbe aver detto un italiano:

a; d; e; f.

GRAMMATICA

Gli usi del futuro

1 Metti i verbi tra parentesi al futuro.

2 dirò, saprò; 3 rimarrà; 4 vivremo, ci trasferiremo; 5 vorrà, verrà; 6 potranno, dovrò; 7 vedremo, aprirà; 8 darò, 9 crederò, dirà; 10 terrai, arrabbierà.

2 Osserva l'agenda di Michele e scrivi cosa farà la prossima settimana.

1 Lunedì 10 dicembre Michele si incontrerà alle ore 8,30 con l'avvocato Ferrucci.
2 Lunedì 10 dicembre alle ore 13 Michele pranzerà con l'Ingegner. Ghidini.
3 Lunedì 10 dicembre alle ore 16 Michele andrà in palestra.
4 Martedì 11 dicembre Michele farà un viaggio a Modena.
5 Mercoledì 12 dicembre alle ore 10 Michele andrà alla presentazione nuovo prodotto.
6 Mercoledì 12 dicembre alle ore 17,30 Michele incontrerà il commercialista.
7 Giovedì 13 dicembre alle ore 7,30 Michele porterà Margherita all'aeroporto.
8 Giovedì 13 dicembre alle ore 9 l'imbianchino andrà a casa di Michele.
9 Giovedì 13 dicembre alle ore 14 Michele parteciperà assemblea generale.
10 Venerdì 14 dicembre Michele dovrà ritirare lo smoking.
11 Venerdì 14 dicembre alle ore 11,30 arriverà Alberti.
12 Venerdì 14 dicembre alle ore 21 Michele andrà a cena al Ritz
13 Sabato 15 dicembre alle ore 11 Michele andrà in palestra
14 Sabato 15 dicembre alle ore 16 arriverà la mamma di Michele e Michele dovrà pulire la casa.

3 Indica in quali frasi il futuro è usato per indicare probabilità.

1, 3, 4, 6 ,8.

L'ITALIANO IN AZIENDA

4 Completa le frasi usando i verbi del riquadro.

2 avremo;
3 ci sarà;
4 batterai; manderai; tradurrai;
5 imparerai;
6 Dovremo;
7 sarà;
8 sarà;

unità 5 - IL VIAGGIO D'AFFARI

In viaggio

A - All'aeroporto

2 Ascolta le tre conversazioni che seguono e indica per ognuna il problema del viaggiatore, la città di arrivo o la nuova destinazione.

Conversazione 1:
Problema: il suo volo era in ritardo e ha perso la coincidenza
Città di arrivo: Madrid.
Destinazione: Palermo.

Conversazione 2:
Problema: non ha capito bene l'annuncio all'altoparlante,
                  il suo volo è in ritardo di 20 minuti.
Città di arrivo: ....
Destinazione: Venezia.

Conversazione 3:
Problema: Non riesce a trovare il suo bagaglio.
Città di arrivo: New York.
Destinazione: ....

3 Ascolta ancora una volta le conversazioni e fa' le attività che seguono.

1
Passeggero: Mi scusi ma sono appena arrivato da Madrid con 40 minuti di ritardo e ho perso la coincidenza per Palermo, quando c'è il prossimo volo?
Informazioni: Dunque il prossimo volo per Palermo è previsto alle 12,45, ora controllo se c'è posto.
P: La ringrazio, devo assolutamente essere a Palermo nel pomeriggio.
I: Ecco, sì, è fortunato, c'è un posto, lo prenoto?
P: Senz'altro.
I: Ho bisogno del suo vecchio biglietto e di un documento per favore.....
P: Ecco a Lei...

chiavi

2
Voce all'altoparlante: Informiamo i gentili passeggeri che il volo AZ 234 delle 10.40 destinazione Venezia partirà con 20 minuti di ritardo a causa di problemi di traffico aereo.
We inform our passengers that the flight...
Passeggera: Scusi, non ho capito bene l'annuncio, devo prendere il volo per Venezia....
Passeggero: Mi dispiace, non stavo ascoltando...
Passeggero: Scusi, devo prendere il volo per Venezia e non ho capito bene l'annuncio... Lei ha sentito che cosa è successo?
Altro passeggero: Sì, hanno detto che il volo ha un ritardo di 20 minuti.
Passeggera: Ah, ho capito, grazie.

3
a ha aspettato più di mezz'ora
b deve essere a una conferenza fra un'ora
c deve compilare un modulo.

4 Adesso scrivi il termine o l'espressione equivalente per ogni punto.

1 coincidenza; 2 è previsto; 3 prenotare; 4 annuncio; 5 compilare, riempire; 6 modulo.

B - La macchina

6 Scegli la definizione giusta per il verbo noleggiare.

c

7 Quali tipo di noleggio propone la pagina che segue?

Formule di noleggio per andare e tornare dall'aeroporto.

8 Leggi la pagina pubblicitaria di una compagnia che noleggia automobili e trova nel testo i termini che corrispondono alle definizioni che seguono.

a include; b supplemento; c furto; d tariffa; e oneri; f danno; g vettura;
h ritiro; i riconsegna; l inclusiva.

C - Informazioni stradali

11 A Gruppi.
Guardate sulla cartina la posizione attuale di Alberta e la posizione di Langhirano e completate il dialogo servendovi anche delle parole che seguono (i verbi devono essere coniugati al tempo giusto.

Vedi trascrizione

D - Arrivo

13 Ascolta la conversazione e indica dove si trova Alberta.

Alberta si trova all'accettazione dell'albergo.

L'ITALIANO IN AZIENDA

14 Ascolta la conversazione e indica le affermazioni giuste.

1; 3; 5; 6; 10.

15 Ascolta ancora una volta e correggi le affermazioni sbagliate dell'esercizio precedente.

2 Alberta ha solo un bagaglio
4 La stanza è al terzo piano
7 Alberta chiede la sveglia alle 7
8 Alberta ha bisogno di una fattura
9 Paga con la carta di credito.

L'ITALIANO AL TELEFONO

Il cellulare

1 Quando chiami qualcuno sul telefonino non sai dove la persona si trova o cosa sta facendo e quindi è buona norma controllare se disturbi. Scegli tra le possibilità quelle che ritieni appropriate.

sono errate: C; G; O.

2 Ascolta la telefonata tra Lucio e Alberta e decidi se le affermazioni sono vere o false.

1 V; 2 F; 3 F; 4 V; 5 F; 6 V.

3 Quelle che seguono sono due conversazioni sul telefonino e sono mescolate.
Una conversazione è tra un corriere e il deposito, l'altra è tra due colleghi d'affari.
Ricostruisci la due telefonate.

Vedi trascrizioni.

LA CULTURA DEGLI AFFARI

Cercando notizie sull'Italia e Parma

1 Alberta non conosce Parma e cerca notizie in una guida turistica.
Leggi il brano che segue e indica quali informazioni sono presenti nel testo.

a, c, e, f.

2 Guarda le immagini, leggi le brevi notizie e collega ognuna ai riferimenti corretti del brano precedente.

1 Giovannino Guareschi;
2 Giuseppe Verdi;

chiavi

CORRISPONDENZA COMMERCIALE

La richiesta di informazioni via posta elettronica

1 Abbina queste spiegazioni con i termini esatti nel testo pubblicitario.

a maneggevolezza
b magazzinaggio
c minimizza
d ingombro
e riciclato
f smaltimento.

2 Compila la richiesta di informazioni inserendo i punti che seguono e scegliendo le parti del messaggio più adatte tra quelle che seguono

Società S.A.C.F.
Indirizzo Via G. Trezza 12
Città Verona
Tel. 045.800453
Fax 045-8003407
Nome Persona Rag. Luigi Nigro
Funzione addetto acquisti
Messaggio: a, f.

3 Ascolta il dialogo e sottolinea nella pagina pubblicitaria quali articoli interessano a Federica Bianchini e usa le informazioni per completare il mail con richiesta di informazioni alla ditta Ugon. Federica si occupa degli acquisti di materiale per un ufficio pubblicitario.

[testo messaggio]
Ho visto la vostra pubblicità in internet. La nostra ditta si occupa di pubblicità.
Abbiamo intenzione di ordinare:

articolo	quantità
1. evidenziatori	una cinquantina
2. penne per evidenziatori	un centinaio
3. lucidi	10 pacchi
4. penne a sfera	un centinaio
5. penne a inchiostro liquido	un centinaio

Gradiremmo però sapere i prezzi dei vostri articoli e i termini di consegna e pagamento.
Inoltre vorremmo sapere la quantità di lucidi presenti in ogni pacco.
Grazie,

Federica Bianchini
Ufficio acquisti

GRAMMATICA

Condizionale presente

1 Indica con quale funzione è usato il condizionale nelle frasi che seguono.

1R 2 D; 3 C; 4 D; 5 C; 6 D; 7 R; 8 C; 9 R.

L'ITALIANO IN AZIENDA

2 Forma il condizionale

2 vorrei	vorremmo	7 finirei	finiremmo
3 ordinerei	orineremmo	8 andrei	andremmo
4 scriverei	scriveremmo	9 pubblicizzerei	pubblicizzeremmo
5 smetterei	smetteremmo	10 desidererei	desidereremmo
6 spedirei	spediremmo		

3 Inserisci i verbi al condizionale presente presi dal riquadro.

2 Aiuteresti; 3 Vorrei; 4 Gradiremmo/gradirei; 5 Piacerebbe; 6 Smetterei; 7 Ordinerei; 8 Dovremmo.

unità 6 - VISITA A UNA DITTA

ACCOGLIERE UN OSPITE

1 Finalmente Alberta arriva a Langhirano e incontra per la prima volta di persona il Signor Fereoli. Osserva le immagini e scegli quella giusta per il contesto.

figura 4

2 Cosa si dicono Alberta e il Signor Fereoli? Ascolta le tre conversazioni e indica quella giusta.

conversazione 2

3 Ascolta di nuovo la conversazione esatta e indica tra le frasi che seguono quelle che corrispondono alla conversazione.

a, b, d.

4 Ascolta ancora una volta il dialogo e scrivi le espressioni esatte usate per esprimere i concetti che seguono.

A
a Lei deve essere la Signora Ferretti!
b Sono Fereoli, molto piacere di conoscerla.
c Il piacere è mio, Signor Fereoli.
d Ha fatto buon viaggio?
e Mi fa piacere...,
f Che ne dice del nostro paesone alle pendici dell'Appennino emiliano?
g Voglio presentarle....

Negoziare

8 Leggi di nuovo il brano e trova i termini a cui queste definizioni si riferiscono.

a coincidere; b priorità; c trattabile; d opzioni; e concessioni; f individuare; g punto morto; h intervallo; i stratagemmi; l strategie; m sottili; n ingannare.

chiavi

9 Ora indica le frasi che corrispondono al contenuto del testo.

a, d, e, g, i.

Le fasi della negoziazione

**12 Ascolta la negoziazione che si tiene tra Alberta e il signor Fereoli.
Alberta dopo aver presentato le sue esigenze generali ha ascoltato alcune proposte del signor Fereoli riguardo il prezzo dei prosciutti che Alberta vorrebbe comprare.**

A

1 Controproposta sul prezzo al pezzo
2 Qualità del prodotto
3 Accogliere la controproposta
4 Quantità della merce che si desidera ordinare
5 Condizioni di trasporto
6 Assicurazione
7 Termini di pagamento
8 Sconto
9 Garanzie per il futuro
10 Fare il punto della situazione

B

	Alberta Ferretti	Gino Fereoli
Sconto	●	
Assicurazione		●
Condizioni di trasporto	●	
Controproposta sul prezzo proposto	●	
Qualità del prodotto		●
Fare il punto della situazione		●
Termini di pagamento	●	
Quantità della merce che si desidera ordinare		●
Garanzie per il futuro		●
Accogliere la controproposta in merito al prezzo		●

13 Trova per le espressioni che seguono, tratte dalla conversazione precedente, un'espressione equivalente o simile tra quelle elencate più sotto.

Se lei vuole chiarire... / Vorrei però dei chiarimenti
Se è impossibile avere una condizione migliore... / Se proprio non si può fare nulla di meglio...
Va bene, possiamo cominciare a pensare... / Non ci resta che....
Su questo sono d'accordo. / Questo mi va bene
Convengo con Lei. / D'accordo
Temo di non essere d'accordo. / Mi dispiace, ma...
Sembra che siamo vicini ad un intesa. / Direi che siamo sulla buona strada
Lei si prende la responsabilità. / Lei si fa carico
E se io le propongo di .... / Che cosa ne dice delle mia proposta di...
Si deve anche pensare... / Bisogna tenere presente...
Sono d'accordo nel prendere in considerazione... / Mi va bene cominciare a ragionare...

L'ITALIANO IN AZIENDA

Accordarsi e preparare il preventivo

15 Le trattative sono ormai concluse. Il Signor Fereoli e la Signora stanno preparando insieme il primo ordine. Ascolta la conversazione e completa il preventivo.

PROSCIUTTIFICIO FEREOLI
Via Nazionale 145 - 43013 Langhirano (Parma) / Tel. 0521-457473
fereolipr.@tin.it

Langhirano, 10 aprile 2002

Oggetto: preventivo per la ditta "Il Buongustaio"

Prosciutto di Parma 16 mesi con osso
Prosciutto tipico stagionato 16 mesi di peso superiore a 9 Kg
Imballaggio: 2 pezzi per cartone
Prezzo standard al cartone (spedizione inclusa) € 220

Per ordini superiori alle 150 unità (75 cartoni) si concede uno sconto del 5%.

Il trasporto si intende sempre a carico del fornitore.

La ditta B&B si fa invece carico delle spese assicurative.

Il pagamento è inteso a 60 gg. dalla consegna e avverrà tramite bonifico bancario

Primo ordine: 160 pezzi (80 cartoni)
Prezzo al cartone € 209
Prezzo totale € 16720

Prosciutto di Parma 16 mesi disossato
Il prosciutto è lavato e pulito solo nelle aperture praticate per il disosso in modo da evitare l'infiltrazione di strutto al momento della pressatura. Il prodotto viene esclusivamente pressato. Confezione: busta in alluminio
Imballaggio: 4 pezzi per cartone
Prezzo standard al cartone € 390

Per ordini superiori alle 80 unità (32 cartoni) si concede uno sconto del 3%

Il trasporto si intende sempre a carico del fornitore

La ditta B&B si fa invece carico delle spese assicurative

Il pagamento è inteso a 60 gg. dalla consegna e avverrà tramite bonifico bancario

Primo ordine: 144 pezzi (36 cartoni)
Prezzo al cartone € 209
Prezzo totale € 13619

La spedizione di tutta la merce avverrà entro 10 giorni dalla conferma dell'ordine

Totale primo ordine € 30331,80

Gino Fereoli   *Alberta Ferretti*

chiavi

16 Completa le frasi che seguono.

1 F: Dunque cara signora Ferretti, come vede abbiamo dissipato i suoi dubbi.
   Allora siamo d'accordo sull'ultima cifra?
2 F: Direi che potremmo cominciare a mettere nero su bianco
3 A: Abbiamo concordato uno sconto del 5%
4 F: Per questo tipo di ordine le condizioni sono esattamente uguali alle precedenti eccetto che
   per lo sconto....
5 A: Gli ordini per questo tipo di merce potrebbero aumentare considerevolmente...
6 F: Lo so, e la capisco, ma proprio non ce la faccio per il momento a venirle incontro..
7 F: In totale il suo primo ordine ammonta a € 30.331,80
8 A: Vedo, anche se avevo sperato di spendere un po' di meno direi che siamo arrivati in fondo....
9 F: Esatto, noi siamo sempre puntualissimi e ci serviamo di corrieri molto seri.
   Vogliamo firmare?

17 Adesso trova un'espressione equivalente per le espressioni che hai scritto nell'esercizio precedente tra quelle elencate di seguito.

a 8; b 2; c 1; d 9; e 3; f 7; g 4; h 6; i 5.

Al ristorante

19 Dopo un'intensa giornata di lavoro il Signor Fereoli invita Alberta a cena al ristorante.

1 tortelli d'erbetta   2 cappelletti   3 risotto alla parmigiana

20 Ascolta le ordinazioni e indica sul menu cosa prende Alberta (A) e cosa prende il Signor Fereoli (F).

	Alberta	Sig. Fereoli
ANTIPASTI		
PRIMI	Assaggio di tortelli d'erbetta, di cappelletti in brodo e di risotto alla parmigiana	Tortelli d'erbetta
SECONDI	Insalata voladora	Bollito misto
DOLCI		

CORRISPONDENZA COMMERCIALE

La lettera d'ordine

1 Scegli tra i punti che seguono quelli necessari per redigere un ordine poi mettili nella sequenza giusta.

A: a; b, c, d, f, g

B: 1/f; 2c; 3/d; 4b; 5/g

L'ITALIANO IN AZIENDA

2 Adesso inserisci ogni formula elencata nel punto giusto dell'ordine.

Formule di chiusura	Raccomandazioni particolari	Riferimento all'offerta	Precisazione delle condizioni	Conferimento dell'ordine
1; 10.	9; 12; 2.	5; 11; 8.	4; 13; 6.	7; 14; 3; 15.

3 Completa il seguente ordine con le espressioni dell'esercizio precedente.

B&B Termoidraulica
Piazza Cesare Battisti 67 - 57100 LIVORNO
Tel 0453-500545 - fax 501453

Spett.le Ditta SACIM
Rue de Volges 45 - 46362 PARIGI

OGGETTO: ordine congelatori e frigoriferi

In risposta alla Vostra lettera del 15 c.m., vi trasmettiamo il seguente ordine:

- N° 4 condizionatori d'aria POLO NORD mod. 45/S
- Prezzo unitario € 1.500
- Totale € 6000

- N° 5 condizionatori d'aria FRESCO con pompa di calore mod. 675/C
- Prezzo unitario € 1.800
- Totale € 9.000

Totale ordine € 15.000

Il pagamento sarà effettuato a 60 gg. D.f. La consegna deve essere effettuata a mezzo ferrovia FCA.
Raccomandiamo la massima cura riguardo all'imballaggio.
Certi che darete a quest'ordine la massima attenzione, attendiamo un vostro riscontro.

L'ITALIANO AL TELEFONO

1 Ascolta la telefonata di Alberta e scegli le affermazioni giuste.

1/c; 2/b; 3/a; 4/c; 5/b; 6/a.

5 Ascolta la telefonata e completa lo schema che segue con le informazioni necessarie.

Nome e cognome dell'abbonato: Giovanni Ugolotti
Indirizzo: Piazza del Gesù 56
Città: Roma
Prefisso: 06
Numero di telefono: 4533087

6 Ascolta tre parti conclusive di telefonate e scegli le formule di saluto appropriate tra quelle elencate.

1/b; 2/d; 3/g.

LA CULTURA DEGLI AFFARI

Facciamo due chiacchiere

1 Lavora con un gruppo di colleghi.

A sì; B no; C sì; D stereotipo; D sì; E no; F no; G stereotipo; H sì; I sì; L sì; M sì; N stereotipo; O stereotipo; P sì; Q sì; R no; S stereotipo; T stereotipo.

2 Se il calcio è sempre un buon argomento di conversazione con un italiano ci sono alcune cose da sapere per non rischiare di fare errori in un momento che dovrebbe rappresentare unicamente una parentesi di sereno rilassamento e un'occasione per discorrere senza troppi problemi con il vostro partner d'affari italiano.

A
Il Milan e l'Inter di Milano
La Juventus di Torino (a Torino c'è anche una squadra che porta il nome della città, un tempo era una squadra molto prestigiosa)
La Roma e La Lazio di Roma
La Fiorentina di Firenze
Il Parma
Il Napoli.

GRAMMATICA

Il modo imperativo

1 Trasforma questi consigli in ordini.

2 spedisci; 3 mandi; 4 Andate; 5 Cambia; 6 richiami; 7 Non ascoltare;
8 Non aspetti; 9 riscriva; 10 non cercare.

2 Fa' un invito o da' un suggerimento usando l'imperativo.

2 Andiamo al bar e prendiamo un caffè insieme! 3 Prendi qualche giorno di riposo.
4 Rispondi al telefono, per favore! 5 Paghi con la carta di credito, per favore.
6 Venga a visitare la mia azienda.

3 Trasforma.

2 Andateci / Ci vada 3 Scrivetemi / Mi scriva 4 Richiamatelo / Lo richiami
5 Invitatela / La inviti 6 Fermatevi / Si fermi.

4 Completa le frasi con l'imperativo. Usa i verbi nel riquadro.

2 ricordiamoci; 3 vacci; 4 puliscilo / lo pulisca; 5 lo cambi; 6 parlale.

5 Rispondi alle domande usando l'imperativo.

2 mi chiami; 3 la paghi; 4 daglielo!; 5 Vacci; 6 non parlargliene.

L'ITALIANO IN AZIENDA

unità 7 - CONFRONTARE L'OFFERTA

2 Ascolta la conversazione tra due colleghi che analizzano offerte di tre ditte diverse. I due colleghi devono acquistare un grosso quantitativo di lattine per bibite. Completa la tabella che segue.

CARATTERISTICHE DELLE OFFERTE	DITTA LA LATTINA S.p.A.	DITTA SUPERBOX	DITTA L.P.B. lattine per l'alimentazione
Prezzo standard per lattina	0,20	0,23	0,22
Numero di lattine per confezione	500	700	1000
Indice di qualità/imperfezioni del prodotto	0,5	0,4	0,8
Termini di consegna	4 giorni	5 giorni	7 giorni
Sconto	5%	7%	10%
Quantità di merce in stoccaggio	1.000.000	800.000	700.000
Termini di pagamento	15 gg.	60 gg.	30 gg.

3 Ascolta ancora una volta la conversazione e indica quali espressioni sono usate dai due colleghi.

Non sono usate nella conversazione:
Vorrei sapere la tua opinione a proposito di....
Scusa ma non hai ragione.
Non sono assolutamente d'accordo.

Sono assolutamente d'accordo.
Probabilmente avrai ragione, ma..

5 Osserva la tabella dell'attività 2 e rispondi alle seguenti domande.

1 Lattina S.p.A./ Superbox
3 L.P.B./ Lattina S.p.A
5 Lattina S.p.A. /L.P.B.
7 L.P.B./ Lattina S.p.A

2 Superbox/ Lattina S.p.A
4 L.P.B./ Lattina S.p.A
6 Lattina S.p.A / L.P.B.

Diagrammi - tabelle - grafici

7 Osserva i diagrammi, le tabelle e i grafici che seguono. Indica di quali tipi si tratta e poi trova il titolo corrispondente per ognuno tra quelli elencati.

A diagramma/grafico (lineare) N° 3
C diagramma/grafico (a colonne) N° 5
E tabella/tavola N° 4.

B diagramma/grafico a torta N° 2
D cartogramma N° 1

- Persone in cerca di occupazione. Luglio 1974-luglio 1999, migliaia di unità. N° 3
- Densità della popolazione residente. Anno 1998, abitanti per chilometro quadrato. N° 1
- Parametri di Maastricht. 1998, valori percentuali. N° 4

chiavi

- Occupati per posizione nella professione. Anno 1998, migliaia di unità. N° 5
- Occupati per settore produttivo. Anni 1971-1998, composizione percentuale. N°2

post-it

Abruzzo 118	Liguria 301	Sicilia 198
Basilicata	Lombardia 378	Toscana 153
Calabria 137	Marche 150	Trentino-Alto-Adige 69
Campania 426	Molise 61	Umbria 98
Emilia-Romagna 179	Piemonte 169	Valle D'Aosta 37
Friuli-Venezia-Giulia 151	Puglia 211	Veneto 244.
Lazio 305	Sardegna 69	

8 Leggi i tre frammenti di presentazione dei grafici e delle tabelle e indica a quali diagrammi o tabelle si riferiscono.

A/4; B/2; C/3

9 Cerca nei testi precedenti i sinonimi delle seguenti espressioni.

1 si osserva / si assiste   2 dimostrare / confermare   3 aumento / incremento
4 ricorrono / rivolgono   5 si nota / si registra   6 rilevante / significativo
7 valutazioni / stime   8 contribuire / concorrere.

Relazioni - presentazioni

11 Ascolta la presentazione e indica se le affermazioni che seguono sono vere o false.

1/F; 2/V; 3/V; 4/F; 5/V; 6/V; 7/F; 8/F; 9/V.

12 Collega alle espressioni usate dal relatore a quelle di significato simile elencate nella colonna di destra.

A/9; B/4; C/6; D/1; E/7; F/4; G/5; H/2; I/8.

13 Adesso leggi la continuazione della presentazione e completala con le parole mancanti elencate qui di seguito.

1 Maggiore; 2 superato; 3 dato; 4 mercato; 5 considerevole; 6 migliore; 7 riscuote;
8 grande; 9 rispetto 10 ripresa.

CORRISPONDENZA COMMERCIALE

Risposte all'ordine

1 Luigi Bocchi della ditta Bocchi S.n.c. sta dettando al suo collaboratore alcuni appunti per una lettera di risposta a un cliente che ha ordinato recentemente della merce. Ascolta la conversazione e indica, tra gli appunti che seguono quali sono quelli giusti.

appunti 3

3 Ecco alcune formule per una corretta risposta a un ordine. Scegli quelle più adatte per rispondere all'ordine della conversazione precedente, poi completa la lettera di cui trovi il modello di seguito.

BOCCHI S.n.c.
Tutto per lo sport
Via Mordacci, 56 - 43100 Parma
Tel. 0521 - 980774 - Fax 0521 - 987546

A.S. "Sport per tutti"
Via Mameli 4/bis
59100 Prato

Parma, 12.10.2003

OGGETTO: Vs. ordine n° 56....

1 RIFERIMENTO ALL'ORDINE E RINGRAZIAMENTI.
Grazie per il Vs. ordine del 10 marzo.
Siamo lieti di ricevere il Vs. ordine del 10 marzo.
Accusiamo ricevuta del Vs. ordine del 10 marzo e ve ne ringraziamo.

2 CONFERMA DELL'ORDINE E DELLE SUE CONDIZIONI
(con elenco articoli)
Vi confermiamo la disponibilità della merce richiesta:
- 100 paia s.c. scarpette calcio, mod. 3/C, nere.
- 50 p.c. Mod 45 extra.
- 20 p.c. Mod 50 plus
Le condizioni di pagamento e di spedizione corrispondono a quelle richieste:
- sconto incondizionato del 3%
- spedizione corriere espresso (CAI Post)
- pagamento a 30 giorni data fattura - 30 gg.
CAI Post

3 ASSICURAZIONE DI UNA ACCURATA ESECUZIONE E RINGRAZIAMENTI
Ringraziandovi per la preferenza accordataci restiamo in attesa di Vostri futuri ordini.
Certi che sarete pienamente soddisfatti dell'esecuzione di quest'ordine,
al quale dedicheremo la massima cura...

4 FORMULA DI CHIUSURA
Cordiali saluti,
... vi porgiamo distinti saluti,

5 Adesso, sempre con un compagno, scegli, tra quelli elencati, i motivi che vi sembrano più comuni.

I motivi più comuni possono essere: A, B, D, F, H.

6 Osserva le tre risposte che seguono e indica quali sono i motivi che impediscono l'evasione degli ordini scegliendole da quelle elencate nell'esercizio precedente.

1/B; 2/A; 3/D.

chiavi

L'ITALIANO AL TELEFONO

1 Ascolta le tre telefonate e scrivi, vicino ad ogni immagine, il numero della telefonata corrispondente.

A/2; B/1; C/3

2 Riascolta le telefonate e riempi le schede relative.

Telefonata 1

Ha chiamato: Sig. Del Bono
Ha cercato: Sig. Reverberi
Messaggio: Rimanda appuntamento per domattina alle 11,30.

Telefonata 2

a. Chi chiama? Sig. Esposito.
b. Chi risponde? Pizzaexpress.
c. Chi si cerca? Il Signor De Filippo.
d. Come si conclude la telefonata? Garulli dice che ritelefonerà più tardi.

Telefonata 3

Geometra Lusetti, Cellulare: 0335-7865501.

3 Queste sono alcune espressioni usate nelle telefonate precedenti. Trova per ognuna un'espressione equivalente nella colonna di destra.

1/g; 2/a; 3/f; 4/i; 5/d; 6/b; 7/c; 8/e; 9/h.

GRAMMATICA

Compartivi e superlativi

1 Completa le frasi con un comparativo.

2 più giovane.
5 più cortese.
8 più caldo.
3 più conveniente, più interessante, ecc.
6 più in ritardo
4 meno solida.
7 più alti, meno convenienti, ecc.

2 Completa con di o con che.

2 che; 3 di; 4 che; 5 di; 6 di; 7 che; 8 che.

3 Completa con il comparativo di uguaglianza.

2 come
5 tanto ...quanto.
4 tanto ...quanto.
6 come.

4 Fa' delle frasi con il superlativo relativo.

2 Quell'operaio è il più stimato della fabbrica.
3 L'università di Bologna è una delle più antiche d'Italia.
4 La nazionale di calcio italiana è la più fortunata del mondo.
5 L'economia nordamericana è una delle più forti del mondo.
6 Questo ufficio è il più piccolo della banca.

5 Trasforma usando il superlativo assoluto.

2 lentissimo. 3 simpaticissima. 4 noiosissima. 5 umidissima. 6 durissimo.

unità 8 - QUESTIONI DI SOLDI

Metodi di pagamento

1 A coppie. Osservate le immagini e abbinate a ogni situazione il metodo di pagamento che usereste tra quelli elencati.

a/4; b/2; c/3; d/5; e/6; f/1.

2 Leggi le definizioni dei più comuni metodi di pagamento in ambito commerciale e abbina ogni definizione ai termini giusti.

A/5; B/1; C/3 ; D/ 2; E/ 6; F/ 4; G/7.

I settori di attività e il personale

3 Osserva i diversi tipi di impresa e inseriscili in uno dei due settori di attività proposti nella tabella che segue.

INDUSTRIA	SERVIZI
Estrazione di minerali.	Commercio all'ingrosso e al dettaglio.
Attività manifatturiere.	Alberghi e ristoranti.
Costruzioni.	Trasporti, magazzinaggio e comunicazioni.
Produzione e distribuzione di energia elettrica, gas e acqua.	Intermediazione monetaria e finanziaria.
	Attività immobiliari, noleggio, informatica, ricerca e altre attività.
	Altri servizi pubblici, sociali e personali.

4 A gruppi. Osservate la struttura della imprese in Italia e indicate se le affermazioni sono vere o false.

a/V; b/V; c/F; d/F; e/V.

chiavi

8 Ascolta nuovamente l'intervista e cerca di completare le caselle azzurre.

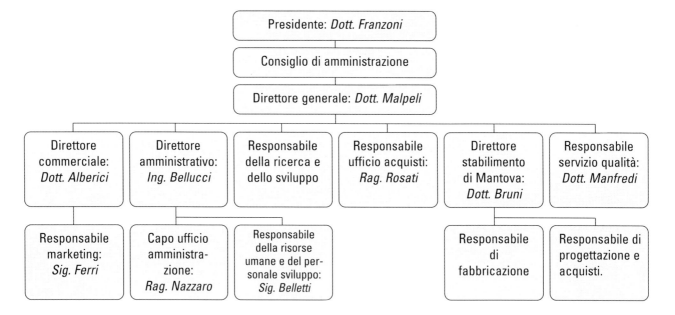

9 Adesso scrivi vicino a ogni descrizione delle attività svolte il termine che definisce la funzione aziendale. Scegli i nomi tra quelli dell'esercizio precedente.

1 responsabile delle risorse umane e del personale
2 direttore amministrativo
3 responsabile ufficio acquisti.
4 responsabile del marketing
5 responsabile della ricerca e dello sviluppo
6 responsabile del servizio di qualità
7 consiglio di amministrazione
8 presidente
9 direttore di stabilimento
10 direttore commerciale
11 direttore generale.

Rapporti formali e informali: gestire situazioni difficili

11 Osserva le vignette e indica quali situazioni secondo te rappresentano un rapporto formale o informale di lavoro.

1 informale   2 formale   3 formale   4 informale
5 formale/informale (dipende dai rapporti nella ditta e chi sono i quadri coinvolti nella discussione).

12 Ascolta i dialoghi e collegali alle vignette dell'esercizio precedente.

Vignetta 1: dialogo C   Vignetta 2: dialogo B   Vignetta 3: dialogo E
Vignetta 4: dialogo A   Vignetta 5: dialogo D.

13 Per ogni dialogo indica se le affermazioni che seguono sono vere o false.

Dialogo A:	Dialogo B:	Dialogo C:	Dialogo D:	Dialogo E:
1 F	1 F	1 V	1 V	1 F
2 F	2 V	2 F	2 F	2 F
3 V	3 F	3 V	3 F	3 V
4 V		4 F		

L'ITALIANO IN AZIENDA

CORRISPONDENZA COMMERCIALE

Pagamenti

1 Osserva l'assegno e gli appunti e completa la lettera che segue.

LAMBORGHINI FRATELLI S.n.c.
Piazza Plebiscito 67 / 80067 Sorrento
tel. e fax. 0574 5600231

Sorrento, 30.07.2002

Spett. Ditta Superbox
Via XX Marzo 4/bis
42100 Reggio Emilia

OGGETTO: Trasmissione assegno
Abbiamo regolarmente ricevuto la merce a fronte del ns. ordine n° 456 del 10.07.2001 insieme alla relativa fattura n°56/a.
Alleghiamo alla presente l'assegno bancario n 20670940-04 di ☐750 della Carispo.

Pregandovi di accusare ricevuta porgiamo,
Cordiali saluti.

Luigi De Carlo
Ufficio acquisti

2 Completa la lettera servendoti di alcune formule suggerite.

Oggetto: Bonifico
Con la presente Vi informiamo che in data odierna abbiamo dato incarico alla
    Banca Monte
    Agenzia 13 di Parma

di inviarvi un bonifico dell'importo di ☐2390 con valuta fissa beneficiario a fronte dei seguenti riferimenti:
    fattura n° 56 del 20.02.2001 importo   ☐550
    fattura n° 89 del 04.03.20012 importo   ☐345
    fattura n° 4 del 01.04.2001 importo   ☐1500

L'importo vi verrà accreditato sul conto n°4534501 presso il Credito Milanese.
Non occorre accusare ricevuta.

                        Distinti saluti,

alternativa:

Oggetto: Bonifico
In data odierna abbiamo disposto un bonifico bancario a Vostro favore a saldo delle fatture sotto elencate:
    fattura n° 56 del 20.02.2001 importo   ☐550
    fattura n° 89 del 04.03.20012 importo   ☐345
    fattura n° 4 del 01.04.2001 importo   ☐1500
    Totale: ☐2390

L'importo vi verrà accreditato sul conto n° 4534501 presso il Credito Milanese dalla nostra banca: Banca del Monte Agenzia 13 di Parma.
Vi preghiamo di non accusare ricevuta.

                        Cordiali saluti

chiavi

Pagamenti internazionali

3 Metti in ordine i paragrafi che seguono per formare una lettera.

BESTSHOES
45, Nicolson Street Edinburgh EH8 9DP - Scotland - UK
Ph. +441-31 - 6750043 - fax 6700436

Edimburgo, 05.10.2002

CALZATURE DELLA VALLE
Viale Martiri della Libertà, 23
56048 Volterra - Italy

Vi ringraziamo della Vostra lettera del 10.04.2000 e del catalogo allegato con i prezzi e i termini di pagamento. Alleghiamo ns. ordine n°457A.

Abbiamo dato incarico alla nostra banca di emettere una Lettera di Credito irrevocabile a vostro nome per la somma di € 1250 valida fino al 05.12.2000. Questa lettera sarà confermata dalla National Bank of Scotland, 34 Nicolson Street, Edimburgo che accetterà la vostra cambiale pagabile a 60 giorni dalla data fattura.

Le modalità di spedizione e di assicurazione vi verranno fornite dal nostro agente di Londra non appena accuseremo ricevuta del ns. ordine.

Certi che dedicherete al ns. ordine la massima attenzione porgiamo,
Distinti saluti.

---

4 Completa la lettera che segue usando le parole fornite nel riquadro.

1 ordine; 2 comunicarvi; 3 richiedete; 4 magazzino; 5 qualità; 6 concordiamo; 7 irrevocabile; 8 conferma; 9 evadere; 10 riserveremo.

L'ITALIANO AL TELEFONO

1 Ascolta le telefonate e scrivi vicino ad ogni situazione la lettera corrispondente delle telefonate.

1 B; 2 A; 3 C.

2 Ascolta ancora le telefonate e indica se le seguenti informazioni sono vere o false.

Telefonata A	Telefonata B	Telefonata C
1 F	1 V	1 F
2 V	2 V	2 F
3 V	3 F	3 V
		4 F

3 Ascolta attentamente le telefonate di cui mancano le battute centrali.

Telefonata 1
B: Potrebbe farmi richiamare per favore, io sono in ufficio fino alle sette.
A: D'accordo, Lei è...?
B: Sono Alberto Benzi della Mark. Dovrebbe già avere il mio numero.

L'ITALIANO IN AZIENDA

Telefonata 2
B: Il geometra sta parlando su un'altra linea. La metto in attesa?
A: No guardi, non posso aspettare. Richiamo io più tardi.

Telefonata 3
B: Ho capito...
   (uhm.. di indecisione).
A: Vuol lasciare detto a me?
B: Dunque sì, anzi no, potrebbe dirgli che l'ho cercato e se può richiamarmi appena torna?

LA CULTURA DEGLI AFFARI

Gesti

1 Quale gesto è usato dagli italiani per annuire (dire di sì) e per dissentire (dire di no)? Osserva le vignette e indica i tre gesti giusti (uno per annuire e due per dissentire).

2 (annuire)
4 e 6 (dissentire)

In generale l'unico gesto che non pone problemi, ma che anzi può essere inteso come segno di interesse e partecipazione è quello di annuire.

2 Gli italiani gesticolano molto quando parlano anche in situazioni formali.

A 3; B 7; C 2; D 5; E 6; F 8; G 1; H 4.

GRAMMATICA

Pronomi relativi, aggettivi e pronomi interrogativi

1 Abbina le definizioni e riscrivile con il pronome relativo.

2 Il geometra è una persona che si occupa di costruzioni.
3 Il ragioniere è una persona che si occupa di contabilità.
4 Lo scanner è un oggetto che serve per copiare documenti.
5 Il modem è un oggetto che serve per collegarsi in rete.
6 La fattura è un documento che descrive articoli e prezzi.
7 La carta d'identità è un documento che si usa per viaggiare nella Comunità Europea.

2 Completa le frasi con la preposizione e/o il pronome relativo. Dove necessario usa le preposizioni: DA, DI, IN, CON, A, PER.

2 L'ufficio in cui lavoro è all'ultimo piano di quel palazzo.
3 L'azienda per cui/in cui lavora mio marito produce attrezzi sportivi.
4 Ho incontrato quel cliente di Roma di cui non ricordo mai il nome.
5 Il cliente a cui abbiamo mandato la merce il mese scorso, non ha ancora saldato il conto.
6 La Ditta da cui ci servivamo di salito è fallita il mese scorso.
7 Ho incontrato una persona la cui macchina è stata rubata tre volte consecutive in un mese.
8 La segretaria, il cui principale pregio era la precisione, si è licenziata improvvisamente.

3 Completa le frasi utilizzando CHI (con o senza preposizione) o IL CHE.

2 Per chi desidera prenotare un biglietto per la manifestazione i botteghini sono aperti da domani.
3 Dobbiamo contare su chi ha più esperienza di noi in questo campo.
4 Ci hanno chiesto uno sconto incondizionato del 30%, il che ci ha lasciato esterrefatti.
5 Chi vuole fare sciopero è libero di farlo.
6 Chi troppo vuole, nulla stringe.
7 Presto il mio cellulare solo a chi lo sa usare bene.
8 Mi ha detto che sono un impiegato inaffidabile il che non mi ha fatto certo piacere.

4 Completa le frasi con gli aggettivi o i pronomi interrogativi.

2 Quanto tempo ti ha fatto aspettare in anticamera?
3 Qual è il tuo piatto preferito?
4 Cosa hai fatto ieri sera in ufficio fino alle 10, me lo vuoi dire sì o no?
5 Chi vorresti imbrogliare con quell'offerta altissima?
6 Quanto pensi di poter offrire per quell'appartamento che vogliamo comprare per il nuovo ufficio?
7 Quale/Che film sei andato a vedere ieri sera con tuo marito?
8 Quanto costa il tuo nuovo computer palmare?
9 Quale server ci offre le migliori condizioni di collegamento alla rete?
10 Quanti candidati per il posto di manager hai intervistato oggi?

unità 9 - MERCI IN VIAGGIO

1 Abbina le immagini alle definizioni.

a/6; b/1; c/4; d/5; e/2; f/3.

2 Trova nella colonna di destra le definizioni dei termini che seguono.

1/g; 2/c; 3/e; 4/a; 5/b; 6/f; 7/d

**4 Abbina ai quattro tipi di trasporto le caratteristiche elencate.
Aggiungi anche eventuali caratteristiche di cui hai discusso nell'esercizio precedente.**

A: 7, 3, 6; B: 8, 9; C: 1, 4; D: 2, 5.

5 Leggi i brani che seguono e scegli la risposta giusta per ogni domanda che segue.

1/b; 2/a; 3/b; 4/b; 5/a; 6/b; 7/c.

**6 A gruppi.
Scrivete i termini che seguono negli appositi spazi sotto ogni soggetto della spedizione.**

1 Merci, esportatore, mittente, fornitore, imballaggio;
2 Azienda di trasporti, merci, spedizioniere, cargo, compagnia di navigazione, compagnia di noleggio, invio/spedizione, container, imballaggio;
3 Importatore, destinatario, negozio all'ingrosso, importatore, merci.

L'ITALIANO IN AZIENDA

7 A gruppi.
Decidete quali delle merci elencate sono fragili, deperibili e durevoli. Poi decidete quale forma di trasporto scegliereste per la consegna della merce nelle due situazioni suggerite.

MERCE	Fragile/deperibile/duratura	Tra due città italiane	Tra l'estero e l'Italia
Libri	duratura	S	A
Animali vivi	deperibile	S, F	M, F, S (a seconda delle distanze)
Fiori	deperibile	S	A
Piastrelle	fragile	S	M, S, F (a seconda delle distanze)
Computer	fragile	S	M, S, F (a seconda delle distanze)
Cereali	deperibile	S, F	M, S, F (a seconda delle distanze)
Formaggi freschi	deperibile	S, F	A
Automobili	duratura	S, F	M, S, F (a seconda delle distanze)
Petrolio	duratura	S, F	M, S, (a seconda delle distanze)

Organizzare una spedizione

9 Ascolta le tre conversazioni che riguardano la spedizione di merci e riempi le tabelle.

A
Tipo di merce   olio
Destinazione   Genova, Cardiff
Mezzo/i di spedizione   Autotreno e nave mercantile
Documenti richiesti   Distinta di imballaggio e polizza di carico.
Quantità   150 casse
Tempi Partenza: lunedì
Arrivo: sabato

B
Tipo di merce   mozzarella
Destinazione   Berlino
Mezzo/i di spedizione   Furgone, aereo
Documenti richiesti   Fattura pro forma, polizza di carico.
Quantità   100 kg
Tempi Partenza: dopodomani ore 7,15
Arrivo: stesso giorno ore 9.

C
Tipo di merce   tappeti
Destinazione   Ancona poi Milano
Mezzo/i di spedizione   nave
Documenti richiesti   Distinta di imballaggio polizza di carico, certificato d'origine.
Quantità   800 tappeti
Tempi Partenza: da Istanbul il 3 maggio
Arrivo: il 6 o 7 maggio

chiavi

10 Ascolta ancora una volta la terza conversazioni e scrivi le parti mancanti.

1 Volevo informarla...
2 E' partita da Istanbul...
3 Ha provveduto ad avere la licenza di importazione...
4 richieda subito alla ditta turca...
5 ma è meglio controllare la fattura proforma...
6 deve assolutamente controllare...
7 tenuto al corrente di tutto.

Imballaggi

13 Abbina le immagini ai termini appropriati.

1/F; 2/L; 3/E; 4/A; 5/G; 6/M; 7/N; 8/C; 9/H; 10/D; 11/B; 12/I.

14 A coppie. Quelle che seguono sono le diverse fasi dell'imballaggio di un televisore. Provate a descrivere oralmente le varie fasi usando i verbi suggeriti e i materiali degli esercizi precedenti.

Si avvolge e si protegge il televisore con polistirolo.
Si mette/inserisce in uno scatolone. Si inscatola.
Si sigilla con nastro adesivo/fascia adesiva.
Si inserisce lo scatolone in una cassa circondato da fiocchi di polistirolo.
Si inchioda la cassa.
Si lega la cassa con nastri metallici o di plastica.
Si mette timbro "FRAGILE"
Si carica la cassa nel container.

CORRISPONDENZA COMMERCIALE

Spedizioni e trasporti

I trasporti internazionali - I codici *Incoterm*

1 Indica a quale tipo di trasporto si riferiscono scegliendo tra trasporti via terra, mare e aria.

1 Tutti   2 Trasporto marittimo   3 Trasporto marittimo

2 Leggi le tre definizioni e scrivi accanto a ognuna l'acronimo esatto.

A/ FOB; B/ EXW; C/ CIF.

3 Le frasi che seguono riguardano l'avviso di spedizione di merce, prova a ricostruirne l'esatto ordine.

1/D; 2/F; 3/A; 4/C; 5/E; 6/G; 7/B.

2 Leggi l'avviso di spedizione e indica se le affermazioni che seguono sono vere o false.

a/F; b/F; c/V; d/V; e/F.

3 Leggi la lettera che segue e inserisci negli appositi spazi i termini e le espressioni elencati.

1 spedizione; 2 informarvi; 3 a bordo; 4 salperà; 5 con la massima cura; 6 contrassegnate;
7 inviati; 8 aperto; 9 la polizza di carico; 10 ricevimento; 11 riscontro.

L'ITALIANO IN AZIENDA

L'ITALIANO AL TELEFONO

1 Ascolta la telefonata che segue e scegli le risposte giuste.

1/b; 2/a; 3/c; 4/b.

2 Ascolta la telefonata e rispondi alle domande.

1 Mezz'ora fa
2 E' uscita.
3 Un'azienda di trasporti.
4 Per sapere la disponibilità riguardo a una spedizione di frutta.
5 La merce deve essere trasportata a Milano, presso il supermercato Primo entro la giornata del 17.
6 Deve parlare con l'autista.
7 Nel primo pomeriggio, al massimo alle tre e mezza.

3 Sei la segretaria che ha ricevuto la telefonata precedente, scrivi un messaggio per la Signora Merloni.

MESSAGGIO PER: *Sig. Merloni*
Ore: *10,30*
Ha chiamato: *Sig. Melato*
Oggetto: *Spedizione carico frutta dal porto di Livorno per Milano, Supermercato primo*
☑ Richiama *Nel primo pomeriggio*
☐ Richiamare

5 Ascolta le due telefonate nelle quali manca la conclusione. Leggi le possibili conclusioni che seguono, poi riascolta le telefonate e concludile oralmente.

Telefonata 1: 4   Telefonata 2: 5.

GRAMMATICA

Il futuro anteriore e il trapassato prossimo

1 Completa le frasi scegliendo un verbo nel riquadro.

2 sarà arrivato; 3 avrà telefonato; 4 l'avrò conosciuto; 5 avrà ricevuto; 6 sarà tornato/a;
7 avremo saputo.

2 Completa le frasi.

2 avrò finito; 3 avrai letto; 4 Avrà ricevuto/riceverà; 5 avremo evaso; 6 sarai tornato; 7 avrai annotato.

3 Abbina le frasi delle due colonne.

2/e; 3/a; 4/f; 5/B; 6/d; 7/g.

… chiavi

unità 10 - AFFRONTARE I PROBLEMI

Gestire i problemi

2 Ascolta le conversazioni e abbinale all'immagine giusta.

a/3; b/1; c/4; d/2.

5 A gruppi. Leggete le frasi che seguono. Quali usereste in una conversazione telefonica o in un colloquio personale e quali usereste in una lettera o in un biglietto?

telefonata, conversazione Lettera /biglietto
a, b, c, d, f, h, i, j, m, n, p, q, s e, g, l, o, r.

Reclami

8 Leggi il testo che segue, controlla le risposte dell'esercizio precedente poi fa' le attività che seguono.

a)

2 Discrepanze; 3 Transazioni; 4 Conforme; 5 Risarcimento; 6 In eccesso;
7 Constatare; 8 In difetto; 9 Riscontrarsi.

b)

1 Merce non conforme all'ordine
  a. diversa da quella ordinata
  b. di qualità diversa da quella ordinata
  c. in eccesso o in difetto rispetto all'ordine

2 Consegna
  a. Ritardo nella consegna
  b. mancata consegna

3 Errori nell'imballaggio

4 Fatturazione
  a. mancata applicazione di uno sconto
  b. sconto non conforme a quello concordato
  c. errori nel calcolo degli importi.

9 Ascolta alcune parti di conversazioni tra clienti insoddisfatti e i fornitori. In ogni conversazione i clienti si lamentano di un particolare problema. Abbina ogni problema alla conversazione giusta.

A /5; B /1; C / 2; D /4; E / 3.

CORRISPONDENZA COMMERCIALE

Reclami

1 Leggi le lettere che seguono e indica per ognuna:
  a) di quale tipo di reclamo si tratta.
  b) quale soluzione o quale richiesta propongono le lettere?

L'ITALIANO IN AZIENDA

1. La merce è arrivata con notevole ritardo. Si richiede un risarcimento del danno arrecato per le mancate vendite.
2. Ritardo nella consegna della merce. Si richiede una spedizione immediata e urgente.
3. Errore nel tipo di fornitura della merce. Si chiede la corretta spedizione e si rimanda la merce sbagliata chiedendo al fornitore di farsi carico della spedizione.
4. La fornitura non è completa si richiede la merce mancante.

2 Adesso prova a raggruppare negli appositi spazi le formule usate nelle lettere dell'esercizio precedenti.

Riferimento all'ordine	Ragioni del reclamo	Proposte di soluzione	Richiesta di risposta
In riferimento all'ordine in oggetto

Facciamo seguito al nostro ordine in oggetto

Ho ricevuto oggi la fornitura di scarpe da donna dell'ordine in oggetto

Le scrivo in riferimento all'ordine in oggetto | La merce ordinata sarebbe dovuta arrivare una settimana dopo la conferma dell'ordine, mentre ne siamo entrati in possesso solo oggi.

I termini di consegna della merce sono scaduti 3 giorni fa e non abbiamo notizie della vostra spedizione.

Ho riscontato che lo scatolone N°45 contiene le calzature mod. PR % dal numero 34 al 36, mentre io avevo richiesto i numeri dal 38 al 41 di cui sono sprovvisto.

Errore nella fornitura. Ho appena controllato personalmente la merce e ho notato la mancanza di 4 articoli sul totale richiesto anche se la bolla di spedizione e la fattura allegata riportano il numero di articoli originariamente ordinati. | Chiediamo perciò uno sconto sulla fattura in scadenza il mese prossimo.

Vi chiediamo pertanto di provvedere immediatamente alla spedizione della merce, in caso contrario saremo costretti ad annullare l'ordine e a servirci altrove.

Provvederò quindi a rispedire le calzature via posta e le chiedo di inviarmi al più presto le misure giuste in quanto ne ho un bisogno urgente.
Le sarei grato se volesse farsi carico delle spese di spedizione delle calzature non richieste. In caso contrario resto in attesa di sue istruzioni su cosa fare con queste merci.

Le sarei grato se volesse occuparsi dell'inconveniente e farmi avere gli articoli mancanti al più presto possibile. | In attesa di una sollecita risposta alla nostra richiesta...

In attesa di un vostro immediato riscontro...

In attesa di un suo cortese cenno di riscontro... |

Risposte ai reclami

4 Quelle che seguono sono tre risposte a reclami dell'attività 1 della sezione precedente. Indica a quali reclami si riferiscono.

Risposta A/ Reclamo 2   Risposta B/ Reclamo 3   Risposta C/ Reclamo 4.

chiavi

5 Metti in ordine i diversi paragrafi della lettera.

c; a; b; d.

L'ITALIANO AL TELEFONO

Proplemi e reclami

1 Ascolta le tre telefonate e indica il motivo della chiamata.

Telefonata 1: La fattura è sbagliata, l'importo è troppo alto.
Telefonata 2: Manca il libretto delle istruzioni
Telefonata 3: La consegna di vestiti è in ritardo.

2 Ascolta le telefonate ancora una volta. Sei la persona che le ha ricevute, prendi appunti per ogni telefonata su quello che bisogna fare per rimediare ai problemi che i clienti ti hanno sottoposto.

Ha telefonato
la Signora Martone
del negozio Galleria 2000
di Forlì
Ordine N° 56 del 3 marzo
La signora non ha ancora
ricevuto la spedizione.
La consegna era prevista
per 15 giorni fa.

PROVVEDERE IMMEDIATAMENTE!!!

Baratta & C.
Tutto per l'industria
MEMORANDUM
Sig.: Giovati
Fattura N°: 78/01, del 30 febbraio
Articolo/Prodotto: tubi metallici

DA FARE/DA CONTROLLARE:
La fattura è sbagliata,
correggere l'importo.
L'importo giusto è 3.150.000

☒ URGENTE

NEW E-COMMERCE

OPERATORE: Luisa
Sig.: Zorzi
Articolo: Telefono cellulare Alfa 345
Problema: manca il libretto delle istruzioni
Da fare: spedire subito
Modalità di spedizione: corriere espresso

GRAMMATICA

Congiuntivo presente

1 Indica quali verbi, o espressioni, elencati richiede l'uso del modo congiuntivo nella frase secondaria.

desiderare, ritenere, temere, augurarsi, bisogna, è meglio, credere.

2 Abbina le frasi delle due colonne.

2/f; 3/b o c; 4/g; 5/ h; 6/b c; 7/e 8/a.

3 Metti il congiuntivo dove necessario. Completa le frasi con i verbi del riquadro.

2 siano; 3 sia; 4 provvedere; 5 possa; 6 partire; 7 siano aumentati; 8 si sia dimenticato;
9 sia accaduto; 10 diciate.

unità 11 - ANCORA SOLDI

Problemi in ufficio

**2 La responsabile amministrativa della ditta, Dott.ssa Corrente, convoca il responsabile commerciale, Rag. Mengaldo e insieme discutono della situazione difficile.
Ascolta la conversazione e completa con le parti mancanti.**

1 ...... stanno registrando un continuo calo.

2 ...... il 70% in meno rispetto a quelle iniziali.

3 ...... ci eravamo prefissati.

4 Ma si rende conto di che cosa comporta questo per la nostra azienda?

5 ...... non tener conto di alcune variabili che si sono verificate ...

6 E' evidente che il quadro del mercato da lei prospettato ......

7 ...... la fascia di mercato a cui si rivolge il nostro prodotto ....

8 ..... hanno influito negativamente ....

9 Mi permetta di sottolineare che ....

10 ..... occorre prendere atto ....

11 .... per recuperare il mercato e rientrare nei costi previsti?

3 Rileggi attentamente il dialogo e trova le espressioni corrispondenti a quelle sottolineate nelle frasi che seguono.

1 stanno registrando un continuo calo
2 di constatare
3 di procedere
4 sotto gli occhi
5 non li abbiamo nemmeno sfiorati. Non abbiamo nemmeno sfiorato gli obiettivi.
6 non hanno raggiunto
7 devo però ricordarle
8 che ci eravamo prefissati.

Organizziamo le vacanze!

**6 L'ufficio si sta organizzando per le prossime ferie estive.
Ascolta la conversazione e segna sul calendario i periodi che ognuno ha scelto per le vacanze.**

L'ufficio rimarrà chiuso dal 12 al 19 agosto

Marcello: dall'11 al 22 settembre, torna in ufficio il 25 settembre.
Fiorenza: dal 24 luglio fino all'11 agosto.
Roberto: dal 26 giugno fino al 7 luglio.
Michela: dal 21 agosto al 4 settembre
Lorenzo: dal 10 al 14 luglio, poi dal 4 al 7 settembre.

chiavi

7 Ascolta ancora una volta la conversazione e indica, dove possibile, i motivi per cui le persone hanno scelto quel determinato periodo e con chi andranno in vacanza.

	PERCHÉ?	CON CHI?	DOVE?
Marcello		Non ha nessuna intenzione di dirlo ai colleghi.	In Sicilia
Fiorenza	Vorrebbe un periodo più lungo dello scorso anno.		In montagna
Roberto			
Michela	Suo marito non può scegliere quando fare le ferie. E' obbligato a farle dopo Ferragosto.	Con il marito e i figli	Al mare
Lorenzo	La sua fidanzata è appena stata assunta quindi quest'anno non avrà ferie.		

Assicurazioni

10 Lavora con un compagno.
Leggi il brano che segue e trova la definizione giusta per ogni verbo sottolineato.

a/4; b/5; c/1; d/3; e/2.

CORRISPONDENZA COMMERCIALE
SOLLECITI E RECUPERO CREDITI

1 Leggi la lettera di sollecito che segue poi completa la fattura a cui si riferisce.

1 EDIL S.n.c.
   Via Di Rienza 34
   73100 LECCE

3 Fattura N° 46

4 del 10.01.2002

2 PAVIMENTI IN LEGNO
   F.lli Reverberi
   Via Risorgimento, 23
   41049 SASSUOLO (RE)

5 60 giorni.

2 Leggi ancora le lettera dell'esercizio precedente e rispondi alle domande scegliendo la risposta giusta.

1.b; 2.c; 3.a.

3 Leggi i tre solleciti di pagamento spediti da un fornitore allo stesso cliente e mettili in ordine cronologico.

b, a, c.

L'ITALIANO IN AZIENDA

4 Completa gli schemi con le espressioni o le frasi usate nelle quattro lettere precedenti.

1. RIFERIMENTO ALLA FATTURA O ALLA CORRISPONDENZA PRECEDENTE
- Non abbiamo ancora ricevuto il saldo della nostra fattura in oggetto ……..
- Da un controllo contabile la nostra fattura del 10.07.2000 non risulta ancora saldata…….
- Nonostante le nostre due lettere del 10.09 e 10.10 in cui si sollecitava il saldo della fattura in oggetto……….
- Siamo sorpresi di non aver ricevuto risposta alla nostra lettera del 10 settembre in cui si richiedeva il pagamento della fattura in oggetto……..

2. SEGNALAZIONE DEL MANCATO PAGAMENTO.
- ……. nonostante sia ampiamente scaduto il termine di pagamento di 60 gg.
- ……. nonostante il termine sia largamente scaduto.
- ……. non abbiamo ricevuto né il pagamento né alcuna comunicazione da parte Vostra.
- ……. i cui termini sono ampiamente scaduti.

3. RICHIESTA DEL PAGAMENTO
- Conoscendo la Vostra abituale puntualità, pensiamo che questa scadenza vi sia sfuggita e Vi saremmo grati di voler regolarizzare al più presto la Vostra posizione.
- Crediamo che la scadenza sia sfuggita alla vostra attenzione e vi saremmo grati se voleste regolarizzare al più presto la vostra posizione.
- Ci troviamo ora nella necessità di riscuotere i nostri crediti e vi chiediamo quindi di saldare la fattura entro una settimana.
- Vi precisiamo che, non ricevendo il saldo entro una settimana dalla presente, daremo avvio alla pratica legale senza ulteriore preavviso.

L'ITALIANO AL TELEFONO

Segreterie telefoniche

1 Ascolta i messaggi lasciati nella segreteria di Laura Sposini e indica quali sono i motivi delle chiamate scegliendoli tra quelli elencati.

- chiedere informazioni — Telefonata D
- cambiare un appuntamento — Telefonata C
- fare un invito — Telefonata B
- sollecitare un pagamento — Telefonata A

2 Ascolta di nuovo le telefonate e completa la tabella.

Telefonata	Motivo (specifica)	Nome	Numero telefonico
A	Non ha pagato il premio dell'assicurazione previsto per il 15 giugno.	Arturo Sastri	Sicur Assicurazioni 06 5640034
B	Invito a cena.	Pietro	0347 8975456
C	Non può essere all'appuntamento di domani.	Lucia De Filippi, ditta Bacco	070 4262201
D	E' interessato a ordinare vini rossi della Toscana.	Giuseppe Passanisi	045 407895

Richiesta di pagamento

3 Ascolta le telefonata e completa la tabella con informazioni richieste.

Chi fa la telefonata? Da quale ditta?	La signora Baronio della ditta Conserve Campane.
A quale ditta telefona?	Al supermercato Iperspesa.
Con chi chiede di parlare?	Con il signor Orlando dell'ufficio contabilità.
E' stato inviato un primo sollecito?	Sì.
Qual è il numero e la data della fattura a cui si fa riferimento?	Fattura N. 67 del 20 marzo.
Qual è l'importo della fattura?	25.000 euro.
Qual era il termine di pagamento?	A 60 giorni dalla consegna.
La merce rispettava le condizione dell'ordine?	Sì.
Perché non è stata pagata la fattura?	Si tratta di un momento difficile per la ditta.
Quale nuovo termine di pagamento è fissato?	Entro la fine del mese di maggio.

4 Ascolta ancora una volta la telefonata e indica quali delle espressioni riportate sotto sono effettivamente usate nella conversazione.

In effetti ha ragione, la fattura non è stata ancora pagata.
La merce non rispettava forse le richieste del vostro ordine?
Stavo appunto pensando di chiederle una dilazione del pagamento.
Dovevate pagare entro il 20 aprile, mi sembra di essere stata abbastanza paziente.
Sa, anche noi abbiamo delle scadenze da rispettare.
Non si preoccupi, le assicuro che... per la fine del mese avrete il saldo della fattura
Guardi che ci conto!
Mi scuso per questo inconveniente che le assicuro non si ripeterà.

GRAMMATICA

Congiuntivo imperfetto

1 Completa le frasi coniugando all'imperfetto o al trapassato del congiuntivo i verbi tra parentesi.

2 potessero; 3 fossero già andati; 4 foste presentati; 5 preparassi; 6 partecipassero;
7 fossero recuperati; 8 cenaste; 9 venissero; 10 stessero.

2 Metti il congiuntivo dove necessario. Usa i verbi del riquadro.

2 prendere; 3 si trattasse; 4 fallissero; 5 fossero; 6 smettesse; 7 poter; 8 desse, la smettesse;
9 fossero andati; 10 avesse notato.

3 Abbina le frasi delle due colonne.

2/f; 3/a; 4/b; 5/d; 6/e.

4 Esercizio di riepilogo con i tempi del congiuntivo. Metti al tempo appropriato.

2 cominciassero; 3 sarebbe mai arrivato; 4 avesse riconosciuti; 5 debba; 6 trovino; 7 leggeste;
8 parlassi; 9 abbiano assistito; 10 arrivi.

L'ITALIANO IN AZIENDA

unità 12 - A UNA FIERA

Una fiera italiana

1 Ascolta la notizia e riempi la tabella.

COSA	DOVE	QUANDO
Fiera (campionaria) del Levante	Bari	Dall'8 al 16 settembre.

2 Riascolta la notizia e fa' le attività. a completa lo slogan della manifestazione; b indica sulla cartina i luoghi menzionati:

a Bari ponte tra Europa e Oriente.
b Mediterraneo, Adriatico, Medio oriente, Africa settentrionale e Balcani.

La presentazione

3 Sei un operatore nel settore dell'arredamento alberghiero e assisti alla presentazione di un prodotto di grande interesse per il tuo lavoro. Ascolta e prendi appunti nello schema che segue.

Tipo di prodotto	Doccia
Nome del prodotto	Doccia 142 Next
Misure	90 X 90 cm
Tre principali caratteristiche tecniche	1 rapidità di installazione 2 semplicità di manutenzione 3 facilità di pulizia
Versioni disponibili	1 doccia semplice 2 doccia multifunzioni 3 doccia con sauna in tre modelli

4 Scegli per ogni espressione sottolineata usata nella presentazione la definizione esatta.

1/b; 2/a; 3/a, 4/c; 5/b; 6/c; 7/a; 8/b; 9/b.

Informazioni

6 Conosci questi tipi di pasta tipici della tradizione gastronomica italiana? Con i compagni osserva le immagini e scegli i termini esatti per ogni prodotto.

1 Nell'immagine sono rappresentati quasi tutti i tipi di pasta ripiena (con all'interno un ripieno, cioè di un impasto fatto con ingredienti diversi a seconda del piatto). I nomi usati per questo tipo di pasta sono diversi per ogni regione e sono numerosissimi. Spesso anche per un italiano è difficile stabilire di quale preparazione si tratti. I termini che in generale definiscono la pasta ripiena sono: ravioli, cappelletti, agnolotti, tortellini, ecc., per ricordare solo i più comuni.
2 tagliatelle;
3 gnocchi.

7 Adesso osserva con i tuoi compagni queste macchine. A che cosa servono secondo te?

si tratta di macchine per fare ravioli, gnocchi, ecc.

chiavi

8 Ascolta l'inizio della conversazione tra un possibile compratore e l'addetto alle vendite delle macchine per la pasta. Completa la conversazione con le parti mancanti.

Vedi trascrizione.

CORRISPONDENZA COMMERCIALE

Iniziare e cloncludere una lettra formale (revisione e integrazione)

1 Inserisci ogni parte della lettera formale al posto giusto.

Mittente: g;
Luogo e data: d
Formula di chiusura: a.

Destinatario: b
Formula di apertura: e

Oggetto: f
Corpo della lettera: c

2 Scegli tra le formule che seguono quelle che ritieni più adatte per iniziare e concludere una lettera formale.

Formule di apertura: a, c, e, f.   Formule di chiusura: a, b, c, f, g, h.

L'ITALIANO AL TELEFONO

La telefonata informale (revisione e integrazione)

1 Ricevi le tre telefonate che seguono per persone che non sono in casa. Prendi appunti.

1 Luisa vuole con urgenza le informazioni che dovevi mandarle via mail, è urgente, le servono per stasera!
2 Silvana non trova baby-sitter per stasera, Luigi fuori a cena, ha preso un film a nolo.
3
> ore: 15,00
> Telefonata per: Matteo
> Ha telefonato: Alberto
> Messaggio: Lui e Gianluca ti aspettano da Roberto... SUBITO!

La linea disturbata

4 Ascolta le due telefonate e indica quali frasi vengono usate tra quelle elencate. Indica anche a quale delle telefonate appartengono.

b Telefonata N.2   d Telefonata N.1   f Telefonata N.1   h Telefonata N.1
i Telefonata N.2   l Telefonata N.1   m Telefonata N.2   o Telefonata N.1
p Telefonata N.2.

5 Sei la persona che ha ricevuto le telefonate. Riascoltale e scrivi sull'agenda gli impegni che le telefonate stabiliscono.

Telefonata 1: domani alle ore 16,30 Montaggio condizionatore.
Telefonata 2: Udienza fissata per mercoledì 19 settembre, ore 10,30.

L'ITALIANO IN AZIENDA

LA CULTURA DEGLI AFFARI

Italiani in viaggio

3 Il brano che hai letto è un concentrato di errori e comportamenti poco educati che una donna manager ha sperimentato su di un treno italiano usato spesso anche da uomini d'affari che si muovono per lavoro tra le grandi città italiane. Lavora con un compagno. Rileggi il brano e trova almeno 5 azioni scorrette.

1 Molti passeggeri ingombrano il corridoio del treno e impediscono il passaggio degli altri passeggeri.
2 Un uomo ha occupato un posto a sedere non suo e non si interessa alla signora che sta aspettando che lui si alzi. Inoltre si lamenta pure del ritardo con cui la signora ha reclamato il suo posto e inizia a fare un'altra telefonata sul suo telefonino.
  Per finire si toglie dal posto non suo con tutta calma.
3 Le persone che possiedono il telefonino spesso usano suonerie molto strane, con volume molto forte e parlano al telefonino con un tono di voce molto alto, spesso parlano anche di cose molto private.
4 A volte i ragazzini parlano ad alta voce di argomenti imbarazzanti per coloro che ascoltano imbarazzati.
5 Spesso le persone non sono attente ai movimenti che fanno in un ambiente così stretto, urtano il prossimo, fanno cadere gli oggetti della persona che urtano e non chiedono nemmeno scusa ne aiutano a raccogliere gli oggetti.

GRAMMATICA

Periodo ipotetico

1 Abbina le frasi delle due colonne.

2/l; 3/d ; 4/c; 5/ i; 6/a; 7/h; 8/g. 9/e;10/b.

2 Completa con il tempo e il modo necessario.

2 avete fame; prendete;   3 fossi ricordato; sarei andato;   4 fossi; ascolterei;
5 ho/avrò; vado/andrò;   6 scrivevo/avrei scritto; ricordavi/avessi ricordato;   7 dispiace/aprire;
8 fossi; smetterei.

3 Trasforma le frasi come nell'esempio.

2 Se non avessi rimandato sempre l'ordine, il cliente non si sarebbe infuriato.
3 Se non ti fossi dimenticato di quella pratica, non avremmo dovuto rimanere in ufficio di sabato per finirla.
4 Se avessi saputo prima che il capo era di malumore, non gli avrei detto dello sbaglio nella fattura.
5 Se avessi lavorato con più calma, avresti fatto un lavoro migliore.
6 Se non ci fosse stato tutto quel traffico, saresti arrivato prima alla riunione.

unità 1 - IN CERCA DI LAVORO

In ufficio

1 Ascolta le persone che parlano del loro lavoro e indica di quali mestieri si tratta.

1 - La compagnia dei ragazzi mi piace molto, ogni volta che entro in classe mi sento giovane.
Certo devo essere paziente ma...
2 - Con il mio lavoro sono sempre in giro in macchina per l'Italia, spesso non torno a casa per molti giorni.
Ma sono soddisfatto, ho molti clienti che apprezzano i prodotti che vendo.
3 - Una delle qualità che sono indispensabili per il mio lavoro è senz'altro la precisione.
E' molto facile sbagliare con tutti quei numeri, fatture, conti.
4 - Curare la gente è sempre stato il mio sogno, certo il mio lavoro è di grande responsabilità, la vita dell'ospedale è stressante, ma devo dire che i miei pazienti con me hanno un rapporto veramente buono.
5 - Amo molto il mio lavoro, seguire la nascita di un edificio dal progetto al cantiere è un'esperienza entusiasmante, è una sfida continua.
6 - Del mio lavoro mi piace soprattutto il contatto con la gente, parlo al telefono con persone lontanissime che forse non conoscerò mai, poi ci sono anche le fatture, le lettere da scrivere al computer...
7 - Spesso stare tutto il giorno all'aria aperta, soprattutto d'inverno, con i rumori del traffico, l'inquinamento è molto faticoso.
Con gli automobilisti cerco di essere comprensivo, poi....

L'italiano al telefono

1 Ascolta il messaggio che Luigi trova nella segreteria telefonica e rispondi alle domande.

Risponde lo 02564063. Per favore lasciate un messaggio dopo il segnale acustico. Grazie.
Parla l'ufficio personale della Building World Italia, lei è stato convocato per un colloquio di lavoro presso la nostra sede di Milano per il giorno 24 novembre prossimo. La preghiamo di contattarci al più presto per confermare l'incontro. Grazie.

2 Ascolta la telefonata e metti in ordine le frasi che seguono.

BWI: Building World Italia, buongiorno.
Luigi: Buongiorno, mi chiamo Luigi Ferrari, telefono per confermare il colloquio di lavoro.
BWI: Un momento che prendo la lista delle convocazioni... Può ripetere il suo nome, per favore?
Luigi: Ferrari, Luigi Ferrari.
BW: Dunque sì. Signor Ferrari, lei è stato convocato per il giorno 24 novembre alle ore 9.00; mi conferma la sua presenza?
Luigi: Senz'altro, sarò sicuramente presente.
BW: D'accordo signor Ferrari la sua presenza è confermata, l'aspettiamo.
Luigi: La ringrazio, arrivederla.
BW: Grazie a lei, a presto, arrivederci.

3 Ascolta la prossima telefonata e completala con le parole mancanti.

BWI: Building World Italia, buongiorno.
Luigi: Buongiorno, vorrei confermare un colloquio di lavoro.
BWI: Resti in linea, le passo l'ufficio personale.
Luigi: Sì grazie.
Uff. Pers.: Ufficio personale, chi parla?
Luigi: Mi chiamo Luigi Ferrari, ho ricevuto la vostra telefonata per il colloquio di lavoro per il giorno 24 novembre alle ore 9.00, vorrei confermare la mia presenza.
Uff. Pers.: Come ha detto che si chiama, scusi?
Luigi: F-e-r-r-a-r-i, Luigi Ferrari.
Uff. Pers.: Sì, ecco Ferrari. Benissimo signor Ferrari, la sua presenza è confermata per il 24 novembre alle ore 9.00.
Luigi: D'accordo, la ringrazio, buongiorno.
Uff. Pers.: Arrivederla.

Il colloquio di lavoro

5 Ascolta l'inizio del colloquio, quali errori commette la candidata?

Giuseppe Bianchi: Sono Giuseppe Bianchi e mi occupo della selezione del personale. Lei ha risposto all'offerta di un posto di

segretaria corrispondente in lingue estere. Nel corso di questo colloquio esamineremo la sua candidatura.
Lascio a lei l'opportunità di presentarsi...
Candidata: Mi sono diplomata nel 1975 con il massimo dei voti...sa, sono stata l'unica della mia classe. Parlo e scrivo correntemente in inglese, francese e tedesco. Ho seguito diversi corsi di perfezionamento all'estero per migliorare le lingue. Nel 1979 ho seguito un corso di inglese di due mesi a Londra dove ho superato brillantemente l'esame di Proficiency, poi l'anno seguente sono stata in Francia dove ho seguito un altro corso presso il Crapel, poi...per il tedesco sono.....
GB: Va bene, va bene, benissimo, ma mi dica, come giudica la sua attuale esperienza di lavoro?
Candidata: Dunque, sì, direi che posso dirmi soddisfatta. Ho uhm.. in questi quattro anni ho avuto modo di conoscere bene il settore e di imparare molte cose sulla corrispondenza commerciale e la vita di ufficio.
GB: Perché vuole lasciare il suo lavoro attuale?
Candidata: La ditta dove lavoro attualmente è piccola e senza grandi prospettive di sviluppo, per cui cerco un nuovo ambiente di lavoro che mi permetta di crescere professionalmente.

6 Ascolta il nuovo colloquio e rispondi alle domande.

Direttore personale: Buongiorno, mi chiamo Claudio Alfieri e sono il direttore del personale.
Candidato: Buongiorno.
Dp: Prego, si accomodi. Lei dovrebbe essere Il signor....
C: Marco Medioli.
Dp: Allora signor Medioli lei si presenta per il posto di rappresentante per i nostri medicinali.
C: Esatto.
Dp: Potrebbe parlarmi un po' di lei?
C: Ho un diploma di perito chimico e subito dopo il diploma ho cominciato a fare il rappresentante per una piccola fabbrica di prodotti alimentari, il contratto era solo per anno così ho fatto domanda presso la ditta produttrice di medicinali Farmacon di Bologna dove lavoro da due anni...
Dp: Come giudica Il suo attuale lavoro?
C: Mi trovo molto bene, ho un buon rapporto con la ditta e con i clienti e posso dire di avere imparato molto nel campo delle medicine e del materiale sanitario. Conosco ormai benissimo le farmacie e i negozi specializzati dell'Emilia Romagna e mi piace il rapporto con i clienti.
Dp: Allora perché vuole lasciare il suo lavoro attuale?
C: Sfortunatamente la direzione commerciale della mia ditta è a Roma e io vivo qui a Modena. Questa situazione mi costringe a lunghi viaggi settimanali a Roma, mentre lavorando con la vostra ditta la mia sede sarebbe qui.

unità 2 - ENTRIAMO IN AZIENDA

In ufficio

2 Ascolta i dialoghi e abbinali alle immagini precedenti.

a
Uomo A: Si accomodi, prego. Lei deve essere l'Ingegner Carra, vero?
Uomo B: Sì, sono io.
Uomo A: Io sono Luigi Andolfi, piacere di conoscerla.
Uomo B: Molto piacere, Dottor Andolfi.

b
Valentina: Luisa questo è Carlo, il mio compagno di università.
Luisa: Ciao Carlo, finalmente ci conosciamo, Valentina mi parla sempre di te...
Carlo: Ciao Luisa, come va?.... Prendete qualcosa?

c
Uomo A: Mi scusi, lei è il Dottor Morandi?
Uomo B: Sì, sono io.
Uomo A: Io sono David Peatfield, il nuovo stagista, piacere....
Uomo B: Il piacere è mio David, ma perché non ci diamo del tu? Io mi chiamo Franco.
Uomo A: Con piacere, Franco.

d
Donna: Le presento Paolo Banfi. il nostro nuovo stagista che viene da Bari. Paolo questo è il Dottor Monti, il nostro capo del personale.
David: Piacere di conoscerla Dottor Monti.
Dottor Monti: Benvenuto nella nostra azienda Paolo, ... spero che ti troverai bene con noi.

trascrizione dei brani audio

7 Abbina i biglietti da visita ai dialoghi poi inserisci le informazioni mancanti negli spazi.

1
A: Buongiorno Geometra Ombrato, si accomodi.
B: Buongiorno ingegnere, grazie.
A: Dunque lei è il responsabile di cantiere per la ditta ARPACOM se non sbaglio.
B: Esatto, lavoro per loro da tre anni.

2
A: Signor Fabbri mi scusi, c'è al telefono l'avvocato Ronda.
B: Chi è?
A: Non si ricorda, è dello studio legale Ronda e Ferrari, sono consulenti legali per aziende, l'aveva cercato per un consiglio.
B: Ah, ho capito, me lo passi pure. Avvocato, buongiorno e grazie per avermi richiamato.

3
A: Alberto per favore potresti scrivere una lettera di conferma al Cavalier Di Napoli?
B: Sì, ehm credo di aver perso l'indirizzo....., mi dispiace.
A: Non importa, me lo ricordo io. Dunque dovrebbe essere: Via Farini 47 Macerata.
B: Il Codice di avviamento postale me lo ricordo io, ho appena mandato una fattura in quella città: è 62100.
OK vado a scrivere.

4
A: Devo scrivere un mail a quel regista che abbiamo incontrato alla fiera, dove hai messo il suo indirizzo?
B: Aspetta che lo cerco... Ah eccolo! Dunque Speronim@tin.it.
A: Perfetto, grazie.

11 Ascolta il dialogo e completalo con le informazioni mancanti.

Dott. Orsini: Dunque, cosa ne dici se per cominciare ci diamo del tu visto che dovremo lavorare insieme? Chiamami pure Luigi.
Paolo: Con piacere.
Dott. O.: Come ti trovi qui a Reggio? Hai già trovato casa?
Paolo: La città è molto carina, le persone mi sembrano simpatiche e disponibili, anche se conosco ancora poca gente...
Per adesso sto in una pensione ma ho già visto un paio di appartamenti, deciderò nei prossimi giorni.
Dott. O: Bene, bene. Forse il nostro clima non è proprio l'ideale per te abituato al caldo e al sole del sud.
Paolo: In effetti questa nebbia e questa umidità sono un pochino, come dire, noiose.... Ma comunque mi consolo con il cibo. Prima di venire qui non sapevo che il settore dell'alimentazione era molto sviluppato da queste parti, ma ora ho visto che qui più o meno tutti lavorano in questo campo.
Dott. O: Beh adesso non esageriamo! E' vero comunque il settore legato all'alimentazione è molto sviluppato da queste parti. Stai attento a non ingrassare troppo, mi raccomando, altrimenti la tua ragazza si troverà presto un altro fidanzato.....
Paolo: Spero proprio di no! Comunque ho già visto che qui vicino c'è una palestra.
Dott. O: Ti auguro di trovare il tempo di andarci..... Come vedi io non ho mai tempo.... Ma, adesso vediamo di lavorare un po'. Dunque, allora... Penso che prima di entrare nei dettagli del nostro lavoro forse è meglio che tu sappia qualcosa della nostra organizzazione a livello nazionale. L'Associazione Nazionale Cooperative di Consumatori è nata nel 1957 ed è il centro di direzione, orientamento, ricerca e verifica delle scelte strategiche e programmatiche di tutte le aziende che fanno parte della Coop.
Paolo: Ho capito, ma quante sono le aziende a livello nazionale?
Dott O.: Le aziende sono 235 e gestiscono la rete dei punti vendita su tutto il territorio nazionale.
Paolo: Quanti sono i punti vendita?
Dott. O.: Attualmente i punti vendita sono 1.300 per un'area di 940.000 metri quadrati.
Paolo: Davvero tanti.... E quanti sono i dipendenti?
Dott. O.: Dunque, i dipendenti sono circa 35.000.
Paolo: Dimenticavo, e quanti sono i soci?
Dott. O.: Sempre a livello nazionale i soci sono quasi tre milioni e mezzo.
Paolo: Sono davvero tanti, E la divisione Nord-Est è quella che lavora...

L'ITALIANO AL TELEFONO

1 Paolo ha ricevuto l'incarico di mettersi in contatto con il responsabile di settore. Ascolta la telefonata e rispondi alle domande.

Segretaria: Pronto, Coop, ufficio del responsabile di settore.
Paolo: Buongiorno, mi chiamo Paolo Andolfi, vorrei parlare con il Dott. Fieschi.
S.: Mi dispiace il dottore non è in ufficio. Vuole lasciare un messaggio?
P.: No grazie, non importa. Sa dirmi quando lo posso trovare?
S.: Dovrebbe rientrare nel pomeriggio, verso le tre e mezza.
P.: La ringrazio, richiamerò nel pomeriggio.

L'ITALIANO IN AZIENDA

S.: D'accordo, buongiorno.
P.: Grazie e arrivederla.

2 Ascolta ancora una volta la telefonata e scrivi le espressioni che corrispondono a quelle qui elencate.

Segretaria: Pronto, Coop, ufficio del responsabile di settore.
Paolo: Buongiorno, mi chiamo Paolo Andolfi, vorrei parlare con il Dott. Fieschi.
S.: Mi dispiace il dottore non è in ufficio. Vuole lasciare un messaggio?
P.: No grazie, non importa. Sa dirmi quando lo posso trovare?
S.: Dovrebbe rientrare nel pomeriggio, verso le tre e mezza.
P.: La ringrazio, richiamerò nel pomeriggio.
S.: D'accordo, buongiorno.
P.: Grazie e arrivederla.

3 Ascolta la prossima telefonata.

Segretaria: Buongiorno Coop.
P.: Buongiorno, sono ancora Paolo Andolfi, è rientrato il Dottor Fieschi?
S.: Sì è in ufficio ma sta parlando su un'altra linea, attende al telefono?
P.: Si grazie, aspetto.

[state aspettando di essere collegati con l'interno desiderato]

Dott. Fieschi: Pronto, sono Fieschi.
P.: Buongiorno, sono Paolo Andolfi, il nuovo assistente del Dott. Orsini. Vorrei fissare un appuntamento con Lei per parlare dell'impostazione pubblicitaria dei vari settori...
F.: Ah benissimo, Le va bene domattina alle 9 nel mio ufficio?
P.: Per me va bene....
F.: Allora, è tutto a posto, l'aspetto domani.
P.: Perfetto, a domani
F.: Arrivederci.

unità 3 - FACCIAMO PUBBLICITÀ

In ufficio

9 Ascolta il dialogo e fa' le attività.

Lorenza: Dunque Giuseppe come sono andate le tue ricerche sui tavoli per computer, hai trovato qualcosa di interessante?
Giuseppe: Ah guarda, ieri pomeriggio non ho fatto che cercare, ho telefonato a Marco, sai il mio ex-compagno di università, ho visto il suo tavolo e mi è piaciuto.... A dire la verità non mi ha aiutato molto, mi ha fatto una testa così sulla comodità della sedia, sul colore del tavolo e cose del genere. Non riuscivo a fargli capire che le nostre esigenze sono diverse. Gli ho detto: a noi servono due tavoli attrezzati per il computer, devono avere diversi piani e spazi per stampante, scanner, tastiera, modem, leggìo, eccetera, poi abbiamo bisogno di sedie comodissime, sai con tutto il tempo che ci passiamo seduti sopra!... Niente da fare, continuava a cantare le lodi del colore e del design del suo nuovo tavolo.
Così dopo aver perso un sacco di tempo con lui mi sono messo a navigare su Internet e anche lì ho visto tantissime proposte ma ho scoperto di saperne troppo poco per poter decidere da solo. Comunque ho stampato delle proposte che mi sembravano interessanti, se vuoi possiamo guardarle insieme.

G: Va bene, magari dopo. Io sono andata al negozio che ti ho detto e mi hanno fatto dei preventivi. Poi però volevo sfogliare con te questa rivista che ho comprato in edicola, guarda, ci sono un mare di offerte.
L: OK ho un'idea. Perché non confrontiamo tutti i prezzi e decidiamo?
G: Ottima idea, facciamo una specie di tabella. Allora... Qui scriviamo le caratteristiche tecniche, qui il prezzo, poi qui la possibile data di consegna. Lo sai che è piuttosto urgente per noi. Poi qui scriviamo l'assistenza tecnica dopo l'acquisto. E qui mettiamo le modalità di pagamento.
L: Aspetta che scrivo tutto. Caratteristiche tecniche, prezzo, data di consegna, assistenza tecnica, modalità pagamento. Bene cominciamo, allora vediamo...

10 Ascolta la continuazione del dialogo e riempi la tabella precedente con le nuove informazioni.

Lorenza: Allora quello del sito Internet ha delle caratteristiche interessanti...
Giuseppe: Guarda, c'è il posto sotto il piano di lavoro per la stampante, c'è il piano estraibile per il mouse, poi c'è il raccogli-

tori per i cavi, che è molto utile con tutti i fili volanti che abbiamo!
L: Va bene e quanto costa?
G: 1936 euro. Allora questo ce lo consegnano tra una settimana e si paga direttamente on line con la carta di credito.
L: OK, ho scritto. E L'altro?
G: Dunque il tuo negozio ci offre questo prezzo in euro. Inoltre è disponibile in tantissimi colori, le altre caratteristiche sono molto simili a quello di prima. Ce lo portano fra tre giorni lavorativi se lo hanno in magazzino e possiamo pagare a rate mensili in tre mesi. Se invece paghiamo alla consegna abbiamo uno sconto del 5%.
L: Interessante. Ma andiamo avanti, poi cosa viene?
G: Allora, guarda su questa rivista che abbiamo prima visto insieme c'è questa offerta che sembra interessante. Dunque, le caratteristiche sono uguali a quello del negozio, il prezzo invece è di 1850 euro, la consegna, come ci hanno detto prima al telefono, è entro 15 giorni, e il montaggio non è compreso. Hai scritto?
L: Sì, ho scritto tutto. Adesso vieni qui che vediamo di decidere alla svelta, allora ci ...

11 Ascolta l'ultima parte del dialogo e scrivi le espressioni mancanti.

Giuseppe: Senti Lorenza, secondo me i tavoli che ci offre il tuo negozio hanno alcuni aspetti molto interessanti. Prima di tutto le modalità di pagamento mi sembrano molto convenienti visto che noi possiamo pagare alla consegna.
Lorenza: Dobbiamo però assicurarci che tutto venga fatto ad opera d'arte. Mi riferisco al montaggio!
G: Sì hai ragione, pensando a quei problemi dell'altra volta, dovremo chiedere garanzie precise per questo. Sta' sicura che lo farò, non voglio che ci siano problemi. La mia opinione è che dobbiamo subito mandare un mail per chiedere conferma dell'assistenza per il montaggio al tuo negozio che ne dici?
L: Certamente. Sono assolutamente d'accordo. Ma prima non prendiamo in considerazione questo tavolo che hai visto sul sito?
G: Hai ragione, me ne stavo dimenticando. Dunque, io sono dell'opinione che diventi un po' difficile usare la carta di credito on line, cosa facciamo, usiamo la tua o la mia? Cosa faranno poi per la fattura? Noi abbiamo bisogno di una fattura intestata alla ditta e non abbiamo una carta di credito aziendale...
L: Hai ragione, non ci avevo pensato. Credo che anche in questo caso dobbiamo chiedere informazioni. Mandiamo un mail, va bene?
G: OK, lo faccio io dopo. Bisogna ricordarsi di chiedere conferma per la consegna, lo sai che ci serve il prima possibile...
L: Sono d'accordo, allora tu mandi il mail...

L'ITALIANO AL TELEFONO

1 Ascolta la telefonata e volta per volta scegli tra le possibilità date quella che ritieni essere la più giusta per il contesto. Hai 15 secondi di tempo per ogni risposta, poi la telefonata continua.

A: Pronto.
B: Buongiorno, sono Bacchi, vorrei parlare con l'architetto Guerzoni per favore.
A: Ci dev'essere un errore, qui non c'è nessuno con quel nome.
B: Mi scusi non è lo 0524-556843?
A: No, mi dispiace, qui parla lo 0524-556844.
B: Mi scusi molto, devo aver sbagliato numero.
A: Non fa nulla arrivederci.
B: Grazie e buongiorno.

2 Ascolta la prossima telefonata e prendi appunti.

A: Pronto, qui Finil informatica, desidera?
B: Mi scusi ma non è l'Arca Trasporti?.
A: No, come lo è detto parla la Finil informatica...
B: Le chiedo scusa, ma non è il 667589?
A: Guardi il numero corrisponde, ma questa non è una ditta di trasporti.
B: Scusi se approfitto della sua gentilezza, ma dove si trova la vostra ditta?
A: A Bologna
B: Adesso ho capito, devo aver sbagliato il prefisso. Io volevo chiamare Firenze, sa i prefissi sono molto simili...
A: Deve essere così.
B: Le chiedo ancora scusa e la ringrazio, arrivederci.
A: Prego, arrivederci

**5 Il tuo capo ti ha lasciato una telefonata da fare. Chiama la ditta e fa' quello che ti dice il promemoria.
Attenzione! Devi rispondere subito dopo la parte registrata.**

Segretaria: Serrone buongiorno!
Tu:

L'ITALIANO IN AZIENDA

Segretaria: Scusi, chi parla?
Tu: ……………………………………………
Segretaria: E chi cerca? Può ripetermi il nome?
Tu: ……………………………………………
Segretaria: Qui non c'è nessun Signor Rocca. Mi spiace. Che ditta cerca?
Tu: ……………………………………………
Segretaria: Senta, questa è la Serrone snc. Ha sbagliato numero. Che numero ha fatto?
Tu: ……………………………………………
Segretaria: Questo è lo 06 7898336.
Tu: ……………………………………………
Segretaria: Di niente. Buongiorno.
Tu: ……………………………………………

6 Ora ascolta la registrazione della conversazione completa e confronta le tue risposte.

Segretaria: Serrone buongiorno!
Tu: Pronto, vorrei parlare con il Signor Rocca.
Segretaria: Scusi, chi parla?
Tu: Sono della ditta Mobil 3.
Segretaria: E chi cerca? Può ripetermi il nome?
Tu: Cerco il Signor Rocca.
Segretaria: Qui non c'è nessun Signor Rocca. Mi spiace. Che ditta cerca?
Tu: La Castelli Romani S.r.l. di Roma.
Segretaria: Senta, questa è la Serrone snc. Ha sbagliato numero. Che numero ha fatto?
Tu: 06 7893836.
Segretaria: Questo è lo 06 7898336.
Tu: Mi scusi, mi sono sbagliato.
Segretaria: Di niente. Buongiorno.
Tu: Buongiorno.

unità 4 - PREPARARE UN VIAGGIO

In ufficio

4 Ascolta il dialogo e indica se le affermazioni sono vere o false.

Alberta: Ah, vieni, vieni, Lucio, sono libera. Hai letto il promemoria?
Lucio: Sì, sono qui per questo, sto già preparando tutto, fra due giorni è tutto pronto. Mi sono accorto che stavamo per finire le videocassette e ho telefonato alla DIVAVIDEO per dire di fare un altro centinaio di copie...
A: Ah! Benissimo! Ti ringrazio. Dunque.... vogliamo vedere come saranno i miei giorni a Parma? Hai portato il programma che ci hanno mandato dalla Fereoli?
L: Sì, ce l'ho. A grandi linee mi sembra che abbiano rispettato quello che avevi chiesto, rimangono da decidere un paio di cose...
A: Bene, sai che non ho avuto proprio tempo di pensarci?
L: Ma prima di vedere il programma in dettaglio devi decidere cosa fai quando arrivi all'aeroporto di Bologna. Vuoi prendere il treno o preferisci noleggiare un'auto?
A: Ma, senza dubbio preferisco noleggiare un'auto, non voglio ripetere l'esperienza dell'ultima volta... ti ricordi?
L: Sì, ricordo, non pensiamoci più.
A: Hai ragione, ci pensi tu? Sai che auto ci vuole...
L: Va bene, ci penso io. Adesso passiamo all'agenda.... Dunque, se tutto va bene dovresti arrivare a Parma verso le 10 e in mezz'ora al massimo dovresti arrivare a Langhirano.
A: Ah! Dimenticavo, mi troveresti una cartina stradale di Parma e provincia? Non ci sono mai stata e vorrei sapere come arrivare a Langhirano.
L: Lo farò. Allora, data l'ora il Signor Fereoli suggerisce di accompagnarti direttamente in albergo, poi ti lascia un'oretta per rimetterti in sesto, poi ti invita a pranzo.
A: Ringrazialo ma preferisco un appuntamento nel primo pomeriggio direttamente allo stabilimento. Non voglio cominciare a mangiare appena arrivata.
L: Benissimo, lui proponeva di tornare in ditta verso le due e mezzo, confermo il primo appuntamento per quell'ora?
A: Va benissimo e poi?
L: Fereoli propone di farti visitare il salatoio, dice che ci tiene a farti vedere le diverse fasi della lavorazione e quindi propone un'ora e mezzo.
A: E' un po' lungo ma va bene.
L: Finita la visita propone un piccolo spuntino a base di salumi insieme a tutti i colleghi che lavorano con lui.
A: Che ti avevo detto? Vai a Parma e cosa fai per due giorni? Mangi, mangi, mangi. OK vada per lo spuntino, così assaggio i prodotti e conosco tutti.

trascrizione dei brani audio

L: Allora, dalle 5 alle 7 propongono di discutere i termini della collaborazione, hanno intenzione di farti vedere gli altri tipi di collaborazione che già hanno con altre ditte sia italiane che straniere....
A: Va benissimo, io parlerò delle idee che abbiamo noi.
L: Direi che per il giorno può bastare. Così hai tempo per riflettere sulle proposte e magari ci mandi un mail così vediamo di aiutarti se ci sono problemi.
A: Perfetto. Suppongo che mi aspetti la cena...
L: Certamente, questa volta non puoi rifiutare, è fissata per le 8 e mezza.
A: Mamma mia! Ti prego prenota la palestra per quando torno, sarò ingrassata di dieci chili!

5 Adesso riascolta il dialogo e riempi l'agenda con gli impegni di Alberta.

Vedi dialogo attività precedente

8 Adesso ascoltate la continuazione del dialogo tra Alberta e Lucio e controllate se le vostre previsioni erano giuste.

Alberta: Allora, il giorno dopo se non sbaglio, avrò il primo incontro allo stabilimento alle nove, sbaglio?
Lucio: Sì esatto è alle nove. Dovrete discutere in dettaglio il contratto definitivo di collaborazione.
A: Perfetto, metterò la sveglia alle 7 e mezza.
L: Ti ci vuole tutto quel tempo per prepararti?
A: No, ma mi ci vuole per svegliarmi e bere i miei due soliti caffè prima di poter parlare qualcuno.
L: Ho capito. La discussione del contratto vi prenderà più o meno tutta la mattina con possibili interruzioni per un altro caffè. Verso mezzogiorno, aspetto una tua telefonata per eventuali chiarimenti o variazioni del contratto, va bene?
A: Sì, senz'altro, tu aspetta che ti telefonerò sicuramente anche se non ci saranno grosse variazioni da quello che abbiamo stabilito. Dunque se non sbaglio siamo al secondo grande pasto.
L: Esatto, propongono di farlo alla mensa del salatore.
A: E nel pomeriggio a che ora si ricomincia?
L: Dunque ecco, sì alle due e mezzo.
A: E se non sbaglio dovrebbe essere l'ultimo impegno della giornata. A questo punto dovrebbe essere solo un proforma. Firmo il contratto, saluto tutti poi me ne torno in albergo, pago, e parto per Bologna.
L: Sì, dovresti arrivare a Bologna verso le sei, se non trovi traffico sull'A1, e così hai tutto il tempo per prendere il volo di ritorno che è alle sette e un quarto.
A: Benissimo alle otto atterrerò a Roma e se Dio vuole alle 10, dopo una doccia sarò nel mio letto.
L: Senza mangiare?
A: Che, hai voglia di scherzare, dopo due giorni a Parma?

L'ITALIANO AL TELEFONO

1 Ascolta la telefonata. A un certo punto ci sono problemi di comunicazione.
Cosa succede esattamente?

Agenzia: Ulysses' Travel, buongiorno.
Lucio: Buongiorno, sono Lucio Ferretti della Tranvai, vorrei parlare con la signorina Lucia.
A: Resti in linea.
Lucia: Sono Lucia, buongiorno
Lucio: Salve Lucia, La chiamo per prenotare un viaggio a Bologna.
Lucia: Bene, dunque, quando vuole partire?
Lucio: Purtroppo non sono io che parto è il mio capo... Comunque ... deve partire il 10 di aprile e torna il giorno dopo nel tardo pomeriggio. Vorrebbe viaggiare con la solita compagnia...
Lucia: Perfetto non ci sono problemi, un attimo che mi collego con il terminale.... Dunque, eccoci qui, voleva un posto business come al solito?
Lucio: Esatto.
Lucia: Allora .... Business class per il 10 aprile, aspettiamo la conferma.... C'è un posto sul volo delle 7,35, va bene?
Lucio: Perfetto e il ritorno?
Lucia: Vediamo adesso il ritorno, 11 aprile.... Dunque c'è un volo alle 19.15 da Bologna
Lucio: Mi scusi ma non capisco, c'è un'interferenza, la sua voce va e viene..... può ripetere per favore?
Lucia: Mi sente adesso - Pronto, Lucio mi sente?
Lucio: Pronto, pronto.
Lucia: Mi sente adesso *[interferenza]* Pronto, Lucio mi sente?
Lucio: Pronto, pronto...*[interferenza]*.
Lucia: Mi sente adesso?
Lucio: Sì adesso la sento bene, diceva?
Lucia: Le chiedevo se posso confermare i voli adesso.
Lucio: No, grazie, Le faremo avere conferma domattina. Potrebbe lasciarmi i dati del volo?

L'ITALIANO IN AZIENDA

Lucia: Sì dunque, ha da scrivere?
Lucio: Sì, dica pure.....
Lucia: Il volo d'andata il 10 aprile è AZ 453, partenza Roma Fiumicino 7,35 arrivo a Bologna Aeroporto Marconi alle 8,40. Poi il ritorno è per l'11 aprile volo AZ 456 partenza da Bologna alle 19,15 con arrivo alle 20 a Fiumicino. Ha scritto?.
Lucio: Sì, ho tutto. Manderò un fax domani di conferma. Grazie per il momento...
Lucia: Si figuri, arrivederci.

3 Adesso indica se le affermazioni sono vere o false.

Vedi dialogo attività precedente

4 Adesso completa la tabella con i dati dei voli.

Vedi dialogo attività precedente

6 Quali espressioni useresti per concludere gentilmente una telefonata in cui hai chiesto informazioni? Scegli tra quelle che senti e scrivile.

La ringrazio per le informazioni e la saluto.
Grazie, adesso ho fretta devo andare, buongiorno.
Grazie per il momento, arrivederci.
Devo chiudere il telefono. Grazie e arrivederci.
Mi dispiace ma è tardi e ho molto lavoro da fare.
Benissimo, è stata/o molto gentile, buongiorno.
Grazie mille, buongiorno.

unità 5 - IL VIAGGIO D'AFFARI

In ufficio

2 Ascolta le tre conversazioni che seguono e indica per ognuna il problema del viaggiatore, la città di arrivo o la nuova destinazione.

1
Passeggero: Mi scusi ma sono appena arrivato da Madrid con 40 minuti di ritardo e ho perso la coincidenza per Palermo, quando c'è il prossimo volo?
Informazioni: Dunque il prossimo volo per Palermo è previsto alle 12,45, ora controllo se c'è posto.
P: La ringrazio, devo assolutamente essere a Palermo nel pomeriggio.
I: Ecco, sì, è fortunato, c'è un posto, lo prenoto?
P: Senz'altro.
I: Ho bisogno del suo vecchio biglietto e di un documento per favore.....
P: Ecco a Lei...ecco...

2
Voce all'altoparlante: Informiamo i gentili passeggeri che il volo AZ 234 delle 10.40 destinazione Venezia partirà con 20 minuti di ritardo a causa di problemi di traffico aereo. We inform our passengers that the flight AZ 234 of 10,40 destination Venice, will leave with 20 minutes because...
Passeggera: Scusi, non ho capito bene l'annuncio, devo prendere il volo per Venezia....
Passeggero: Mi dispiace, non stavo ascoltando...
Passeggero: Scusi, devo prendere il volo per Venezia e non ho capito bene l'annuncio... Lei ha sentito che cosa è successo?
Altro passeggero: Sì, hanno detto che il volo ha un ritardo di 20 minuti.
Passeggera: Ah, ho capito, grazie.

3
Informazioni: Desidera?
Passeggero: Signorina non riesco a trovare il mio bagaglio...
I: Da dove arriva e con quale volo?
P: Vengo da New York con il volo AZ 4532, ho aspettato al recupero bagagli per più di mezz'ora ma non ho visto niente, ho fretta devo essere a una conferenza tra un'ora...
I: Non si preoccupi ora controllo.... Dunque, c'è stato un problema con i bagagli del suo volo, dovrebbe compilare questo modulo per la ricerca del bagaglio..
P: Ma io ho fretta, non posso aspettare. Le ho detto che sono già in ritardo devo assolutamente andare a quell'appuntamento...

trascrizione dei brani audio

3 Ascolta ancora una volta le conversazioni e fa' le attività che seguono.

Vedi dialoghi attività precedente.

Informazioni stradali

10 Alberta è al casello autostradale di Parma, è in leggero ritardo e decide di chiedere subito informazioni su come arrivare a Langhirano. Prende la cartina e chiede alla Polizia Stradale. Ascolta la conversazione e indica sulla cartina la prima parte del percorso indicato dal poliziotto.

Alberta: Mi scusi, avrei bisogno di un'informazione, devo andare a Langhirano, ecco vede ho una cartina...
Poliziotto: Non è difficile, adesso appena uscita da questa strada gira a destra poi ancora a destra al primo semaforo. Si trova così sulla tangenziale in direzione Milano, la percorre tutta fino alla fine, saranno circa 5 chilometri. Alla fine troverà un semaforo e girerà a sinistra. A quel punto, quasi subito, troverà l'indicazione per Langhirano che comunque è verso destra.
A: Ho capito, adesso giro a destra poi a sinistra...
P: No, deve girare a destra...al semaforo...
A: Ah sì, mi scusi. Dunque vado a destra al semaforo poi percorro tutta la tangenziale fino alla fine e in fondo vado a sinistra al semaforo. Lì troverò altre indicazioni...
P: Esatto, è molto semplice, non può sbagliare...
A: Benissimo, la ringrazio molto.
P: Dovere. Buongiorno.

12 Adesso ascoltate il dialogo e controllate le vostre risposte.

Alberta: Mi scusi, avrei bisogno di un'informazione.
Passante: Dica.
A: Devo andare a Langhirano, sono sulla strada giusta?
P: Sì, adesso deve andare dritto fino al secondo semaforo. Lì deve girare a sinistra e percorrere tutta la tangenziale fino alla fine.
A: Ma io ero già sulla tangenziale. Ho sbagliato?
P: No, signora, non ha sbagliato, questa è un'altra tangenziale, non si preoccupi. Comunque è molto semplice, alla fine della tangenziale non può sbagliare, deve girare a destra e andare sempre dritto fino a Langhirano.
A: Ho capito, sembra facile, la ringrazio.
P: Prego, Buon viaggio!

13 Ascolta la conversazione e indica dove si trova Alberta.

1
Alberta: Mi chiamo Alberta Ferretti,
Receptionist: Un momento Signora... Ha detto che si chiama?
A: Ferretti, Alberta Ferretti.

2
Alberta: Sono Alberta Ferretti, piacere di conoscerla...
Fereoli: Giovanni Fereoli e il piacere è tutto mio. Ha fatto buon viaggio?
A: Eccellente grazie.

3
Alberta: Mi chiamo Alberta Ferretti.
Poliziotto: Dunque, la Signora Alberta Ferrucci viaggiava a bordo di una .....
Alberta: Mi chiamo Ferretti, non Ferrucci... Ferretti, Alberta Ferretti.
Poliziotto: Lettera per lettera, ripeta lettera per lettera....

14 Ascolta la conversazione e indica le affermazioni giuste.

Alberta: Buongiorno, mi chiamo Alberta Ferretti, ho prenotato una stanza singola solo per oggi...
Receptionist: Un momento Signora... Ha detto che si chiama?
A: Ferretti, Alberta Ferretti.
R: Sì signora Ferretti, stanza 431. Ha bagagli?
A: Solo questo.
R: Benissimo, adesso qualcuno l'aiuterà a portarlo in camera. Potrei avere un documento e una firma qui?
A: Sì, certo. Mi scusi, ma è una stanza silenziosa? Sa, devo lavorare molto e ho bisogno di riposo assoluto.
R: Non si preoccupi signora, si tratta di una stanza sul retro, si affaccia sul bosco e il silenzio è assoluto, qui siamo

L'ITALIANO IN AZIENDA

in campagna e la sveglieranno solo gli uccelli la mattina.
A: Benissimo, è quello che volevo. Potrei avere la colazione in camera domattina?
R: Senz'altro, in camera troverà il menù, se me lo fa avere entro stasera alla 8 poi noi provvederemo. A che ora vuole la sveglia domattina?
A: Alle 7 per favore, poi alle 8 la colazione. A che piano è la mia stanza?
R: Al terzo. Un'ultima cosa, desidera pagare con carta di credito, le basta una ricevuta fiscale o vuole la fattura?
A: Pago con carta di credito e ho bisogno anche della fattura intestata a questa ditta, le lascio il biglietto da visita.
R: Benissimo, adesso le chiamo l'addetto per la valigia e poi...

15 Ascolta ancora una volta e correggi le affermazioni sbagliate dell'esercizio precedente.

Vedi dialogo attività precedente

L'ITALIANO AL TELEFONO

2 Ascolta la telefonata tra Lucio e Alberta e decidi se le affermazioni sono vere o false.

Alberta: Pronto?
Lucio: Pronto, Sei tu Alberta?
A: Sì sono io, chi parla?
L: Sono Lucio.
A: Ciao Lucio, non ti avevo riconosciuto.
L: Ti disturbo? E' un brutto momento?
A: No, non preoccuparti, sono in macchina, aspetta che accosto.
L: OK, anch'io sono in macchina.
A: Dove stai andando?
L: Sai quel cliente di cui ti avevo parlato, per quella spedizione in Belgio...
A: Sì mi ricordo...
L: Senti Alberta ti chiamo perché mi sono ricordato di una cosa, non preoccuparti, non è niente di grave.
A: Va bene ma dimmi, non tenermi sulle spine!
L: Sì dunque, ti ricordi che prima di partire per Parma mi avevi chiesto di mettere tra i documenti per il viaggio il nostro ordine standard...
A: Sì, mi ricordo benissimo, e allora?
L: Ebbene, ho dimenticato di dartelo, non te ne sei accorta?
A: No, non ho ancora avuto tempo di controllare...Ma sei sicuro? Accidenti....
L: Sì, purtroppo sono sicuro.
A: Ecco sei sempre il solito, e adesso come facciamo? Io sto arrivando a Langhirano e tra poche ore mi vedo con il Signor Fereoli....
L: Niente paura. Adesso quando arrivi all'albergo mi telefoni il numero di fax e io ti mando il documento.
A: Va bene, facciamo così. Forse all'albergo hanno anche un collegamento a Internet, puoi mandarmi l'ordine in attach....
L: Sì, si può fare anche così. Io tra un'ora sono di nuovo in ufficio e aspetto la tua telefonata.
A: Va bene, o ti telefono o ti mando un mail e tu mi rimandi subito il documento.
L: Va bene, ricevuto. Scusami, ma in questi ultimi tempi ho un sacco da fare, lo sai...
A: Non preoccuparti, non fa niente, a dopo.
L: Grazie, ci sentiamo dopo.

4 Adesso ascolta le due telefonate e controlla le tue risposte.

A
Filippo: Luigi? Sono Filippo. Non riesco a trovare il negozio dove devo fare la consegna dei salami e c'è un traffico infernale...
Luigi: Povero Filippo. Dove sei adesso?
F: Sono in Piazzale Volta ferma a un semaforo.
L: Bene, se giri a destra dopo il semaforo ti troverai in via Costituente... vai dritto per 200 metri e poi gira a sinistra...
F: Non ti sento bene, non prende bene qui.
L: Adesso va meglio. Dunque quando sei in via Costituente, dopo 200 metri circa, giri a sinistra, arrivi dritto davanti al negozio...
F: Ho capito, grazie!

B
Francesca: Pronto Anna? Sono Francesca.
Anna: Pronto Francesca siano preoccupate, non vieni alla riunione?
F: Certo che vengo, ho chiamato per dirvi che ho solo qualche minuto di ritardo, sai questo maledetto traffico, ma sto parcheggiando...
A: Va bene, allora ti aspettiamo.
F: OK, ci vediamo tra poco. Ciao.

CORRISPONDENZA COMMERCIALE

3 Ascolta il dialogo e sottolinea nella pagina pubblicitaria quali articoli interessano a Federica Bianchini e usa le informazioni per completare il mail con richiesta di informazioni alla ditta Ugon. Federica si occupa degli acquisti di materiale per un ufficio pubblicitario.

Giuseppe: Allora Federica hai deciso cosa ci serve per l'ufficio?
Federica: Sì, ho anche trovato una ditta che mi sembra faccia al caso nostro, poi gli scrivo un mail... Dunque, dimmi se sei d'accordo. Pensavo di comprare una cinquantina di evidenziatori di tutti i colori, una ventina di penne per lucidi, e 10 pacchi di lucidi, devo chiedere la quantità per ogni pacco..
G: Non ti sembrano poche le penne per i lucidi? Al posto tuo ne ordinerei di più, sai che le portiamo sempre alle presentazioni e poi le perdiamo....
F: Forse hai ragione, facciamo un centinaio... ma accidenti potreste imparare anche a non perderle, costano un sacco!
Va bene dai, continuiamo con la nostra lista. Dunque aggiungerei anche un centinaio di penne a sfera e un centinaio di penne a inchiostro liquido, che ne dici?
G: Dico che va benissimo.
F: Ci serve altro?
G: Non credo...
F: Allora aiutami a scrivere il mail. Dettami l'indirizzo, per favore.
G: Ugon, chiocciola, tin, punto it.
F: Come hai detto, Audon?
G: No, Ugon, u come Urbino, g come Genova, O come Otranto, N come Napoli, chiocciola, tin punto it.
F: Allora chiedo quali sono i prezzi delle penne a sfera, dei lucidi e quanti lucidi ci sono per pacco, il prezzo degli evidenziatori, delle penne a inchiostro liquido e delle penne per i lucidi. E' tutto?
G: Direi di sì. Mi raccomando chiedi i termini di pagamento e di consegna.
F: E' chiaro.

unità 6 - VISITA A UNA DITTA

In ufficio

2 Cosa si dicono Alberta e il Signor Fereoli? Ascolta le tre conversazioni e indica quella giusta.

Conversazione 1
Fereoli: Ciao! Tu devi essere la Ferretti! Benvenuta a Langhirano, sono Fereoli, molto piacere di conoscerti!
Ferretti: Il, il ... ehm il piacere è mio, Signor Fereoli....
Fereoli: Come stai? Il viaggio in treno e stato di tuo gradimento?
Ferretti: Ma... veramente io sono arrivata in aereo a Bologna poi ho affittato una macchina!
Fereoli: Ah sì certo, che sciocco! Com'è stato il viaggio in macchina, c'era molto traffico sull'autostrada?
Ferretti: No, non troppo....
Fereoli: Allora ti piace la nostra patria del prosciutto?
Ferretti: Sì, certo, per quello che ho visto mi sembra un bel paese, è molto grande e pieno di stabilimenti, di salatori.
Fereoli: Eh sì, è il nostro mestiere principale quassù. Ma vieni, ti voglio presentare un mio...

Conversazione 2
Fereoli: Buongiorno! Lei deve essere la Signora Ferretti! Benvenuta a Langhirano, sono Fereoli, molto piacere di conoscerla.
Ferretti: Il piacere è mio, Signor Fereoli.
Fereoli: Allora, tutto bene? Ha fatto buon viaggio?
Fereoli: Sì grazie, il viaggio è andato abbastanza bene e non ho trovato molto traffico sull'autostrada.
Fereoli: Mi fa piacere..., che ne dice del nostro paesone alle pendici dell'Appennino emiliano? Le piace?
Ferretti: Da quello che ho visto mi sembra molto carino, il clima mi sembra ottimo e senza dubbio non c'è il traffico caotico di Roma...
Fereoli: Eh sì certo, qui siamo lontani dalla confusione della grande metropoli.... Ma venga, voglio presentarle un nostro caro...

Conversazione 3
Fereoli: Riverisco. Benvenuta a Langhirano Sinora Ferretti! Le do il benvenuto a nome di tutto il paese! Sono Fereoli, direttore, nonché proprietari, o della ditta omonima.
Ferretti: La ringrazio, Lei è molto gentile...
Fereoli: Posso permettermi di chiederle com'è andato il suo viaggio?
Ferretti: Molto bene grazie, il traffico in autostrada non era poi così intenso...
Fereoli: Se non sono troppo indiscreto vorrei conoscere le sue prime impressioni sulla ridente cittadina di Langhirano!
Ferretti: Mi sembra proprio un bel paese, con un clima perfetto per i prosciutti, direi.
Fereoli: Eh sì, cara signora, qui il processo di stagionatura compie dei veri miracoli sulla carne di maiale. Ma venga, mi segua, è con grande onore che le presento il mio collaboratore e factotum...

L'ITALIANO IN AZIENDA

3 Ascolta di nuovo la conversazione esatta e indica tra le frasi che seguono quelle che corrispondono alla conversazione.

Vedi dialogo 2 attività precedente.

4 Ascolta ancora una volta il dialogo e scrivi le espressioni esatte usate per esprimere i concetti che seguono.

Vedi dialogo 2 attività precedente.

12 Ascolta la negoziazione che si tiene tra Alberta e il signor Fereoli. Alberta dopo aver presentato le sue esigenze generali ha ascoltato alcune proposte del signor Fereoli riguardo il prezzo dei prosciutti che Alberta vorrebbe comprare.

Alberta: Se ho capito bene la sua proposta, per quanto riguarda il prosciutto stagionato, 16 mesi con osso, di un peso di circa 9, 10 kg, imballato in cartoni di due pezzi, Lei mi sta chiedendo circa 14 euro al chilo. Non mi sembra un prezzo molto competitivo, io pensavo di non superare i 10 euro.
Ferretti: Il prezzo mi sembra molto buono, bisogna tenere presente la qualità del prodotto, ma mi va bene cominciare a ragionare partendo dalla sua cifra, considerata la grossa quantità di merce che lei desidera ordinare...
A: Perfetto. Vorrei però avere più chiare le condizioni di trasporto. A questo prezzo Lei è sempre disposto a farsi carico del trasporto presso i nostri magazzini?
F: Certamente, la facciamo secondo accordi che prendiamo noi con la ditta incaricata. A volte potrebbe succedere che la consegna venga ritardata di qualche giorno.
A: Se si tratta di non più di una settimana di ritardo sul previsto, può andare. Noi cercheremo di effettuare l'ordine con il dovuto anticipo. E cosa ne dice delle mie proposte di rivedere i termini del pagamento? Se io le chiedo una tale quantità di merce, Lei deve tenere presente che si tratta di grosse cifre.
F: Beh, di norma noi ci aspettiamo il pagamento a 60 giorni non a 90 come lei propone.
A: Ma è disposto a concedermi uno sconto del 5% se il mio ordine supera le 150 unità? In questo caso sono disposta ad accettare il pagamento a 60 giorni.
F: Questa possibilità dipende anche dai suoi progetti futuri, se le sue intenzioni sono quelle di stabilire con noi un rapporto duraturo nel tempo, noi siamo disposti a fare il possibile per accontentarla.
A: Non c'è problema riguardo a questo aspetto, come le ho già detto più volte al telefono le sue offerte e i suoi prodotti offrono alla nostra ditta un'ottima garanzia per il futuro.
F: Quindi se io le offro un prezzo di 10 euro al chilo, trasporto compreso, Lei si fa carico delle spese assicurative, accetta il pagamento a 60 giorni e io, in cambio le concedo uno sconto del 5% per cento se il suo ordine supera i 150 pezzi...
A: Direi che siamo sulla buona strada, se proprio non si può fare nulla di meglio per i termini di pagamento...
F: Mi dispiace, ma per noi diventerebbe una condizione insostenibile, considerate le grosse cifre che sono in ballo e tenuto conto delle crescenti spese anche nel campo dei trasporti...
A: D'accordo, capisco le sue esigenze, non ci resta che definire meglio i tempi di consegna.
F: Sì, ma anche il metodo di pagamento. Sa, per i primi ordini avremmo bisogno di avere delle garanzie, poi magari ...

15 Le trattative sono ormai concluse. Il Signor Fereoli e la Signora stanno preparando insieme il primo ordine. Ascolta la conversazione e completa il preventivo.

Fereoli: ...dunque cara signora Ferretti, come vede abbiamo dissipato i suoi dubbi. Allora siamo d'accordo sull'ultima cifra?
Alberta: Direi proprio di sì, sono d'accordo, il primo ordine per i prosciutti senz'osso sarà di soli 32 cartoni. Come lei sa i prosciutti senz'osso si vendono soprattutto ai bar e alle paninoteche e noi commerciamo soprattutto con le salumerie...
F: Direi che potremmo cominciare a mettere nero su bianco....
A: Perfetto, vediamo... Le ho detto che il primo ordine per i prosciutti con osso sarà di 160 unità, vale a dire di 80 cartoni. Abbiamo concordato uno sconto del 5% se si superano le 150 unità.
Noi paghiamo l'assicurazione e voi vi occupate del trasporto.
F: Esatto, il pagamento deve avvenire entro 60 giorni dalla consegna attraverso bonifico bancario, se ci fornite le garanzie che ho richiesto... Quindi se facciamo due conti il totale dovrebbe essere di 15.200 euro.
A: Dunque, se ha fatto i calcoli giusti, ogni cartone ci costerebbe 190 euro.
F: Esatto. Adesso passiamo ai prosciutti senz'osso. In questo caso i prosciutti sono imballati in cartoni da 4 pezzi. Questo suo primo ordine non supera i 36 cartoni cioè le 144 unità. Per questo tipo di ordine le condizioni sono esattamente uguali alle precedenti eccetto che per lo sconto...
A: Sì, lei non vuole concedermi uno sconto superiore al 3%. E' la sua ultima parola? Lei sa che abbiamo in programma di ampliare la nostra clientela tra i bar in futuro... Gli ordini per questo tipo di merce potrebbero aumentare considerevolmente...
F: Lo so, e la capisco, ma proprio non ce la faccio per il momento a venirle incontro. Vedremo cosa si può fare per il futuro.
A: Va bene, non ne discutiamo più per adesso. Allora, se non sbaglio questo tipo di prodotto dovrebbe costarmi circa 380 euro al cartone.
F: Sì, esattamente 388 euro per un totale di 13.968 euro.
A: D'accordo. Vogliamo fare il totale di tutto?
F: Eccolo qui. In totale il suo primo ordine ammonta a 29.168 euro.
A: Vedo, anche se avevo sperato di spendere un po' meno direi che siamo arrivati in fondo. Ah dimenticavo, lei mi ha promesso la spedizione entro 10 giorni dall'ordine, esatto?

F: Esatto, noi siamo sempre puntualissimi e ci serviamo di corrieri molto seri. Vogliamo firmare?
A: E firmiamo...

Al ristorante

19 Dopo un'intensa giornata di lavoro il Signor Fereoli invita Alberta a cena al ristorante.

A

Ascolta il dialogo tra i due in cui mancano i nomi dei piatti e cerca sul menu i piatti giusti tra quelli descritti dal Signor Fereoli.

Alberta: E' la prima volta che ho l'occasione di assaggiare la cucina emiliana, deve assolutamente consigliarmi nella scelta. Se non le dispiace eviterei l'antipasto, ho già avuto modo di gustare i vostri meravigliosi salumi...
Fereoli: D'accordo, possiamo scegliere un primo quindi.
A: Con piacere..... Che cosa sono i ....
F: Si tratta di pasta all'uovo ripiena con ricotta, parmigiano e bietole condita con abbondante burro e ancora parmigiano. Sono una delle nostre migliori specialità.
A: Uhm... interessante. E.....................
F: Dunque, si tratta si tratta di un'altra ottima specialità. E' sempre pasta all'uovo con un ripieno fatto con il sugo concentrato di carne che ha bollito ore e ore a cui è stato aggiunto pangrattato e parmigiano. Si tratta di una preparazione tradizionalmente molto lunga e laboriosa, di solito non devono mancare sulla tavola delle grandi feste, soprattutto a Natale!
Si mangiano solitamente in brodo ma si servono anche asciutti con burro e parmigiano o altri tipi di condimenti.
A: Sono senza parole! La scelta si fa difficile. Le chiedo un'ultima cosa, ...
F: Lo si fa come tutti ....ma in questo abbondano il formaggio grana e il burro. Semplice ma ottimo.
A: Scelta molto molto difficile, sono veramente indecisa....sembra tutto così buono!
F: E' tutto ottimo, senta perché non...

B
Riascolta il dialogo e controlla le tue risposte

Alberta: E' la prima volta che ho l'occasione di assaggiare la cucina emiliana, deve assolutamente consigliarmi nella scelta. Se non le dispiace eviterei l'antipasto, ho già avuto modo di gustare i vostri meravigliosi salumi..
Fereoli: D'accordo, possiamo scegliere un primo quindi....
A: Con piacere..... Che cosa sono I TORTELLI D'ERBETTA?
F: Si tratta di pasta all'uovo ripiena con ricotta, parmigiano e bietole condita con abbondante burro e ancora parmigiano. Sono una delle nostre migliori specialità.
A: Uhm... interessante. E CHE COSA SONO I CAPPELLETTI?
F: Dunque, si tratta si tratta di un'altra ottima specialità. E' sempre pasta all'uovo con un ripieno fatto con il sugo concentrato di carne che ha bollito ore e ore a cui è stato aggiunto pangrattato e parmigiano. Si tratta di una preparazione tradizionalmente molto lunga e laboriosa, di solito non devono mancare sulla tavola delle grandi feste, soprattutto a Natale!
Si mangiano solitamente in brodo ma si servono anche asciutti con burro e parmigiano o altri tipi di condimenti.
A: Sono senza parole! La scelta si fa difficile. Le chiedo un'ultima cosa, com'è IL RISOTTO ALLA PARMIGIANA?
F: Lo si fa come tutti i RISOTTI ma in questo abbondano il formaggio grana e il burro. Semplice ma ottimo.
A: Scelta molto molto difficile, sono veramente indecisa....sembra tutto così buono!
F: E' tutto ottimo, senta perché non...

20 Ascolta le ordinazioni e indica sul menu cosa prende Alberta (A) e cosa prende il Signor Fereoli (F).

Cameriere: I signori hanno scelto?
Fereoli: Sì, per la signora sarebbe possibile avere solo un assaggio di tortelli d'erbetta, di cappelletti in brodo e di risotto alla parmigiana?
C: Senz'altro, non c'è problema.
A: Mi raccomando solo un assaggio....se è possibile.
C: Non si preoccupi, le porteremo tre piccole porzioni. E per Lei Signore?
F: Dunque io vorrei i tortelli d'erbetta per favore.
C: Benissimo. Per i secondi hanno già deciso?
F: Sì, la signora ha una linea da rispettare, vorrebbe solo un po' di insalata voladora. Io prendo il bollito misto.
C: Un po' di contorno?
F: Solo un'insalata mista, per favore.
C: Perfetto. Voglion vedere ora la carta dei dolci?
A: No grazie, vediamo dopo se ci rimarrà un po' di spazio!

L'ITALIANO AL TELEFONO

1 Ascolta la telefonata di Alberta e scegli le affermazioni giuste.

L'ITALIANO IN AZIENDA

Segreteria telefonica: Risponde la segreteria di Lucio Ferretti. Non sono in casa, potete lasciare un messaggio e il numero di telefono. Vi richiamerò appena possibile. Potete parlare dopo il segnale acustico.
Alberta: Ciao Lucio, sono Alberta. Ho bisogno di parlarti per l'ordine di prosciutti al Signor Fereoli. Sai che sono a Langhirano, hai già il telefono dell'albergo, comunque te lo lascio per sicurezza: 0521-6757433, sono alla stanza 34 e mi trovi fino alle 7 e mezzo di stasera. Ciao.

2 Ti chiami Anita Bongiovanni e sei la segretaria della ditta Finor. Lascia un messaggio alla segreteria del Signor Moretti. Di' che devi parlargli urgentemente riguardo al suo ordine che hai appena ricevuto. Di' che sarai in ufficio fino alle 20 ma che può chiamarti a casa dopo quell'ora allo 02-67550031 o a questo numero di cellulare: 333-5664301. Ringrazia e saluta. Hai 30 secondi di tempo.

Segreteria: Risponde la segreteria di Giovanni Moretti. Lasciate un messaggio dopo il segnale acustico.

Adesso ascolta la telefonata di Anita e confrontala con la tua.

Segreteria: Risponde la segreteria di Giovanni Moretti. Lasciate un messaggio dopo il segnale acustico.
Anita: Buonasera, sono Anita Bongiovanni della Finor. Devo parlarle urgentemente del suo ordine che ho appena ricevuto. Mi trova in ufficio fino alle 8 di stasera oppure dopo le 8 a casa allo 02-67550031 o a questo cellulare 0333-5664301. La ringrazio. Arrivederci.

5 Ascolta la telefonata e completa lo schema che segue con le informazioni necessarie.

Telecom voce registrata: Servizio 12, risponde l'operatore Modena 35.
Telecom operatore: Parla l'operatore 35 desidera?
Cliente: Vorrei un numero di Roma.
Operatore: Sì, il nome?
C: Ugolotti Giovanni
O: Ha detto Ugoletti?
C: No, Ugolotti con la O come Otranto.
O: Dunque Ugolotti Giovanni... Piazza del Gesù 56, è questo?
C: Sì esatto, Piazza del Gesù
O: Attenda in linea, arrivederci. Il numero da lei richiesto è: prefisso: 06 - 4533087, ripeto, prefisso: 06 - 4533087.

6 Ascolta tre parti conclusive di telefonate e scegli le formule di saluto appropriate tra quelle elencate.

Telefonata 1:
A: Ingegnere, se ci sentiamo tra una settimana potrei essere più preciso riguardo alla disponibilità della merce, stiamo aspettando una consegna tra due giorni. Appena vedo il materiale la chiamo...
B: Perfetto, in questo modo possiamo essere ancora più sicuri sulla disponibilità, sulla data di consegna, aspetto la sua telefonata, mi raccomando...

Telefonata 2:
A: Dici davvero? Non ci posso credere!
B: Adesso ti spiego ancora meglio. Pensa che quando gli ho detto che volevo 15 giorni di ferie subito, è andato su tutte le furie, ha minacciato di licenziarmi poi ha detto che avrei dovuto essere orgoglioso di lavorare per la sua azienda. In quel momento è arrivato il direttore generale e anche lui si è messo ad insultarmi, poi è entrato il capo del personale, anche lui si è subito arrabbiato... Io ero sempre più nervoso, allora ho cominciato a urlare.

Telefonata 3:
B: Ha capito, adesso è un po' tardi e la segretaria e già andata a casa ma se mi ricordo bene abbiamo deciso di farlo entro 10 giorni dall'ordine.
B: Perfetto, va bene così e...un ultima cosa, il pagamento?
A: Per quanto riguarda il pagamento, come le ho detto, per questo tipo di merce preferiamo un pagamento tramite assegno...Credo di averle detto tutto.

unità 7 - CONFRONTARE LE OFFERTE

In ufficio

2 Ascolta la conversazione tra due colleghi che analizzano offerte di tre ditte diverse. I due colleghi devono acquistare un grosso quantitativo di lattine per bibite. Completa la tabella che segue.

trascrizione dei brani audio

Luca: Senti Mauro, hai guardato le offerte che ci sono arrivate per le lattine, dobbiamo ordinarle al più presto perché stiamo finendo le scorte, ne abbiamo ancora per al massimo 7 giorni.
Mauro: Sì, ho valuto le offerte, volevo appunto discuterne con te...
L: Perfetto. Che ne dici? A prima vista sembra vantaggiosa l'offerta fatta dalla LPB. 22 centesimi di euro a lattina è un ottimo prezzo. Mi sembra anche che i termini di pagamento siano convenienti, il pagamento è a 30 giorni...
M: E' vero, ma c'è un problema, cosa ne pensi dei termini di consegna? Secondo te ci dobbiamo fidare dei termini stabiliti? Non conosciamo ancora bene il fornitore, non sappiamo se è veramente preciso.
M: In effetti 7 giorni per la consegna sarebbero il massimo che possiamo rischiare.
L: Sai che ti dico, non mi va di rischiare, cosa facciamo se ci sono problemi con la spedizione?
M: Hai ragione, forse non vale la pena rischiare, ma possiamo chiedere delle garanzie...
L: Senti, mi sembra che l'offerta della Superbox, anche se il prezzo è leggermente più alto, sia la migliore. Una lattina sono solo 23 centesimi di euro. E la consegna è in 5 giorni.
M: Forse hai ragione, inoltre il pagamento è a 60 giorni e questo ci permette di risparmiare un po' sul pagamento... anche se, a dire la verità, la LPB offre uno sconto del 10%.
L: Sì, però la Superbox offre uno sconto del 7%. A conti fatti finiamo per risparmiare di più.
M: Ma allora perché non prendiamo in considerazione l'offerta della ditta La Lattina? Ci offrono una lattina a 20 centesimi di euro, è quella che costa meno!
L: In effetti è vero, ma non sono d'accordo perché il pagamento è a 15 giorni, è troppo presto.
M: E' vero anche questo, fammi fare un po' di conti...
L: Vedo anche che la qualità del prodotto della Lattina è molto buona, certo che il pagamento a 15 giorni è molto vicino.
M: Io dico questo, noi abbiamo bisogno delle lattine al più presto, conosciamo come lavora la Superbox, il pagamento è a 60 giorni, che ne dici di decidere per questa?
L: Hai ragione, anche se io vorrei tanto provare anche LPB, fa delle offerte vantaggiose.
M: Senti, perché non facciamo così. Ordiniamo un quantitativo di 10 confezioni alla Superbox, poi facciamo un ordine di prova alla LPB per vedere come lavorano. Così possiamo avere dei termini di paragone più sicuri. Che ne dici?
L: Va bene, sono d'accordo, per questa volta meglio non rischiare...

3 Ascolta ancora una volta la conversazione e indica quali espressioni sono usate dai due colleghi.

Vedi dialogo attività precedente

11 Ascolta la presentazione e indica se le affermazioni che seguono sono vere o false.

Relatore:
Come potete osservare dai dati percentuali le unità di automobili vendute, in questi ultimi otto anni dalla nostra azienda sono aumentate in modo soddisfacente. Si è trattato di un incremento non straordinario, ma comunque pienamente positivo, se si tiene conto della forte concorrenza estera da parte di colossi dell'industria automobilistica che dispongono, in molti casi, di una catena distributiva più efficiente della nostra e radicata in aree geografiche dove noi non disponiamo di una sufficiente espansione. Alcune delle nostre utilitarie si sono guadagnate, in questi anni, il titolo di miglior auto dell'anno. Voglio qui ricordare la "Punto": è appena uscito il nuovo modello completamente rivisto e con design estremamente moderno che continua a incontrare il favore del pubblico, non solo in Italia, ma anche all'estero.
Degno di nota è il crescente successo del nostro modello, diciamo così, più "futuribile": la "Multipla". Come sapete si tratta di un'auto di medie/grandi dimensioni che però ha un prezzo molto competitivo rispetto alle sue consorelle sul mercato e che, soprattutto nel nostro paese, continua a riscuotere favore del pubblico anche grazie alla presenza della versione "bipower", a benzina e a metano, che permette costi di carburante molto contenuti. Ma è soprattutto il settore dei veicoli industriali dove la nostra presenza, in modo particolare all'estero, si è fatta sempre maggiore. In Europa siamo ormai una presenza importante in questo campo e nel resto mondo stiamo conquistando quote di mercato sempre maggiori. I nostri stabilimenti e centri di ricerca in Sud America, soprattutto nel settore delle macchine per l'agricoltura e le costruzioni, in Brasile, Argentina, Uruguay e Paraguay sono, ormai da anni, una realtà in continua evoluzione.
Come potete facilmente osservare dalle cifre, il settore "Macchine per l'agricoltura", ha visto più che raddoppiato il numero delle vendite. Per quanto riguarda invece il settore delle macchine per l'industria, non deve trarvi in inganno la cifra che vedete per l'anno 1998. Come certamente sapete la nostra azienda ha, in questi ultimi anni, fatto una scelta precisa riguardo a questo settore e pertanto...

Corrispondenza commerciale

1 Luigi Bocchi della ditta Bocchi S.n.c. sta dettando al suo collaboratore alcuni appunti per una lettera di risposta a un cliente che ha ordinato recentemente della merce. Ascolta la conversazione e indica, tra gli appunti che seguono quali sono quelli giusti.

Bocchi: Dunque Alberto, dobbiamo assolutamente rispondere all'associazione sportiva che ci ha mandato l'ordine due giorni fa.
Alberto: Sì, ho qui l'ordine. Allora, è l'associazione "Sport per tutti", è l'ordine numero 56 del 10 marzo, ...oggi è il 12 marzo.
B: Quante scarpette da calcio ci chiedevano? Se non ricordo male dovrebbero essere 50 paia....
A: Sono 100 paia di scarpette da calcio, modello 3/C, qui ho i dati esatti dei numeri che vogliono...

B: Va bene. Volevano altro?
A: Sì, chiedono anche 50 palloni di cuoio modello 45 extra, e 20 palloni di cuoio modello 50 plus.
B: OK, fa' riferimento all'ordine per le specifiche. A proposito, di che colore vogliono le scarpe?
A: Dicono che sarebbero meglio nere, ma, siccome è urgente, accettano anche altri colori.
B: Hai controllato se abbiamo in casa la disponibilità dei colori e dei numeri?
A: Sì, l'ho fatto ieri sera. C'è tutto.
B: Perfetto. Allora, digli che abbiamo in stock quello che vogliono e che la merce è già stata confezionata come stabilito. A proposito, quando possiamo procedere alla spedizione?
A: In magazzino stanno già confezionando la merce, a mezzogiorno è tutto pronto.
B: Va bene, allora digli che la spediamo oggi. Che tipo di spedizione hanno scelto?
A: Sì, dunque hanno optato per il corriere espresso a loro carico, quindi dovrebbero ricevere la merce entro tre giorni lavorativi. Gli abbiamo fatto lo sconto incondizionato del 3% e il pagamento è a un mese data fattura tramite bonifico bancario.
B: Vogliono altro?
A: No, è tutto qui.
B: Se hai segnato tutto prepara la bolla di accompagnamento con l'elenco dettagliato della merce e poi la fattura.

2 Prendi il libro di un tuo compagno e, riascoltando la conversazione, controlla le sue risposte.

Vedi dialogo attività precedente

L'ITALIANO AL TELEFONO

1 Ascolta le tre telefonate e scrivi, vicino ad ogni immagine, il numero della telefonata corrispondente.

Telefonata 1
A: Pronto, Mark informatica.
B: Buongiorno, c'è Del Bono?
A: E' fuori per una consulenza devo dire qualcosa quando torna?
B: Sì grazie. Vorrei dirgli che...
A: Mi scusi chi devo dire?
B: Ah sì, sono Reverberi, potrebbe dire al Signor Del Bono che non sarò in ufficio domani e che quindi dovremo rimandare il nostro appuntamento?
A: Ho capito. A che ora era l'appuntamento?
B: L'appuntamento era per le 11.30
A: Va bene Signor Reverberi, ho preso nota, riferirò.
B: La ringrazio e mi scusi con Del Bono, ma si tratta di affari urgenti.
A: Senz'altro, non si preoccupi.
B: Buongiorno.
A: Buongiorno.

Telefonata 2:
A: Pronto, Cartonblock, desidera?
B: Vorrei parlare con il Signor Esposito, per favore. Sono De Filippo della Pizzaexpress.
A: Mi dispiace, ma il Signor Esposito non c'è in questo momento...
B: Non sa dirmi quando lo posso trovare? E' abbastanza urgente.
A: Guardi non so di preciso quando torna, vuole il numero del cellulare?
B: Sì, volentieri, grazie.
A: Dunque il numero è 337 4...6...0
B: Come dice, scusi? Non riesco a sentire...
A: Il numero di cellulare è ......
B: Guardi, lasciamo perdere, non riesco a sentire e non ho niente da scrivere... acci... Richiamo più tardi.
A: Come preferisce.
B: Sì, chiamo più tardi. La ringrazio, arrivederci.
A: Di nulla, arrivederci

Telefonata 3
A: Pronto?
B: E' la Edilcasa?
A: Sì, mi dica.
B: Buongiorno, mi chiamo Garulli, e vorrei parlare con il geometra Lusetti.
A: Il geometra è non c'è al momento, torna nel tardo pomeriggio.
B: Ah, ho capito. Mi scusi non c'è modo di contattarlo? E' molto urgente.
A: Se vuole le dò il suo cellulare.
B: Mi farebbe un grosso piacere. Sa devo assolutamente.....

A: Dunque il cellulare del geometra è: 335-7865501.
B: Dunque 335-7865.... e poi?
A: 501
B: Glielo ripeto: 335-7865501.
A: Esatto.
B: La ringrazio infinitamente.
A: Di niente, buongiorno.
B: Arrivederci.

2 Riascolta le telefonate e riempi le schede relative.

Vedi dialogo attività precedente

5 Ascolta parte delle due telefonate che seguono e prendi i messaggi.

Telefonata 1:
Sì, dunque dovrebbe dire al Signor Bello che non posso accettare la sua variazione d'ordine perché l'articolo che ci ha richiesto è già in lavorazione. Ha scritto? Ripeto: Sono Gattuso della Napoli Sport, non siamo in grado di accettare la variazione d'ordine richiesta, l'ordine è il numero 567 del 23 aprile, perché la lavorazione degli articoli è già cominciata. Manderò comunque anche un fax, per sicurezza. Mi dispiace molto, ma deve sapere che una volta che una volta che...

Telefonata 2
Dovrebbe dire al Signor Mattioli che arriverò in ritardo all'appuntamento. Deve sapere che avevamo un appuntamento per domani pomeriggio alle 3 e mezza. Come? Ah sì, sono Pesci; dunque dicevo che avevamo un appuntamento per definire i termini dell'accordo, lui sa di che si tratta, purtroppo mi hanno chiamato urgentemente all'agenzia di Casalecchio per il primo pomeriggio. Lei sa come vanno queste cose, non so di preciso quando riuscirò a liberarmi, poi c'è il traffico sulla tangenziale a quell'ora... Credo comunque che arriverò per le quattro e mezzo. Va bene? Glielo può dire? Sarebbe molto gentile... e mi scusi, ma davvero non so come liberarmi prima, queste agenzie sono dei terribili grattacapi. Deve sapere che la settimana scorsa...

unità 8 - QUESTIONE DI SOLDI

In ufficio

7 Ascolta l'intervista al responsabile delle risorse umane della Artifact, Signor Belletti, che parla della struttura della sua azienda e cerca di completare il diagramma che segue. Durante il primo ascolto completa solo le caselle azzurre.

Deve sapere che la nostra azienda ha due stabilimenti, uno qui a Cremona e un altro a Mantova. La sede principale è qui a Cremona dove c'è la direzione generale, l'amministrazione, la gestione del personale, i laboratori di ricerca e l'ufficio commerciale. Abbiamo un presidente che è a capo del consiglio di amministrazione. Il presidente è il Dottor Franzoni, mentre il direttore generale, il Dottor Malpeli è a capo di tutti i vari direttori dei diversi settori in cui è diviso l'organigramma della nostra azienda. Dunque, abbiamo sei settori principali con a capo direttori o responsabili. C'è, per esempio il direttore commerciale, Dottor Alberici, e sotto di lui troviamo il responsabile del marketing, il Signor Ferri. Poi abbiamo il direttore amministrativo, Ingegner Bellucci. Da lui dipendono due uffici, l'ufficio amministrazione con a capo il Ragionier Nazzaro e l'ufficio delle risorse umane e del personale di cui sono il capo. Abbiamo anche un responsabile della ricerca e dello sviluppo e un responsabile dell'ufficio acquisti, il Ragionier Rosati. C'è anche il direttore dello stabilimento di Mantova, Dottor Bruni da cui dipendono i responsabili di fabbricazione, di progettazione e acquisti sempre dello stabilimento di Mantova. Infine troviamo il responsabile che si occupa del servizio di qualità dei nostri prodotti, è il Dottor Manfredi.

8 Ascolta nuovamente l'intervista e cerca di completare le caselle gialle.

Vedi dialogo attività precedente.

12 Ascolta i dialoghi e collegali alle vignette dell'esercizio precedente.

Dialogo A
Collega 1: Senti Marco, domenica scorsa sono andato a funghi e ne ho raccolto una montagna. Sai quei porcini buonissimi che ti piacciono tanto...Mia moglie ha preparato il sugo per gli gnocchi e gli altri li friggerà e li farà trifolati....
Collega 2: Solo a sentirne parlare mi viene l'acquolina in bocca!
Collega 1: Appunto, so quanto ti piaccio, che ne dici di venire a cena a casa mia con tua moglie giovedì prossimo?
Collega 2: Sei molto gentile, ti ringrazio. Per quanto mi riguarda non c'è problema. Devo però chiedere a mia moglie, sai gli impegni dell'ambulatorio la tengono spesso occupata fino a tardi.... Le telefono subito.

L'ITALIANO IN AZIENDA

Collega 1: Perfetto, aspetto la tua conferma prima di sera. Mi raccomando, convinci tua moglie!.
Collega 2: Non preoccuparti, farò il possibile, ... e anche l'impossibile (ride). E grazie ancora per l'invito.
Collega 1: Figurati, dovere! Così facciamo due chiacchiere in santa pace e sparliamo di tutto l'ufficio!

Dialogo B:
Capo: Senta Ragionier Berni dovrei parlarle in privato, potrebbe venire nel mio ufficio?
Dipendente: Certo Dottore, vengo subito.
Capo: Dunque Ragioniere, mi dispiace molto doverle far notare che oggi è il terzo giorno consecutivo che lei arriva in ufficio tardi. Come lei sa benissimo, ammetto sempre qualche minuto di ritardo per gli inconvenienti che possono capitare a tutti: traffico, macchina che si guasta all'ultimo minuto, bambini che si ammalano improvvisamente e così via. Ma lei per il terzo giorno mi arriva in ufficio con più di un'ora di ritardo....
Dipendente: Mi deve scusare Dottor Mazza, ma purtroppo sono stato colto alla sprovvista dagli scioperi dei servizi pubblici di questi ultimi giorni... Lunedì scorso proprio non lo sapevo e mi sono trovato la mattina con la macchina dal meccanico. Ieri e oggi ho dovuto accompagnare prima mia moglie al lavoro poi i ragazzi a scuola. Sa, senza autobus nessuno sapeva come fare.
Caro: Capisco le sue esigenze, ma poteva almeno chiedere a me personalmente il permesso di arrivare al lavoro più tardi. Lei mi conosce, glielo avrei sicuramente concesso.
Dipendente: Ha ragione, avrei dovuto fare come dice lei, ... Il fatto è che credevo di riuscire ad arrivare in tempo ugualmente... Mi dispiace molto e me ne scuso ancora.
Capo: Ragioniere, accetto le sue scuse e sono sicuro che non accadrà più.
Dipendente: Ci può contare.

Dialogo C:
Uomo 1: Senti Luigi ti devo parlare.... Questa situazione non può continuare per molto. Io rischio il soffocamento in questo ufficio. Cosa ne dici di andare a fumare nel corridoio?
Uomo 2: Lo sai che il capo non vuole che si fumi nei corridoi. Vuoi farmi licenziare?
Uomo 1: Assolutamente no: ma tu vuoi che il tuo collega d'ufficio muoia soffocato dal tuo fumo? Lo sai che soffro anche di asma, potresti almeno limitarti un po'. Senti, ho un'idea: perché non cerchi di diminuire il numero delle sigarette, cosa che ti farebbe un gran bene, e, quando proprio non resisti più dalla voglia di una sigaretta la fumi vicino alla finestra aperta?
Uomo 2: Hai ragione, anche mia moglie mi dice sempre di smettere. Va bene, quando tu mi vedi prendere una sigaretta mi ricordi gentilmente di non fumare e quando invece ti guardo con un'aria da assassino mi indichi la finestra.
Uomo 1: D'accordo, facciamo così, però tu non ti arrabbi vero? A proposito, sei armato?

Dialogo D:
Uomo: Mi scusi Dottoressa, ma io vorrei farle notare alcuni problemi che si verrebbero a creare se decidessimo di trasferire i due responsabili in un altro reparto. Come lei sa, in questo periodo la produzione è al massimo, abbiamo tutto il personale occupatissimo, abbiamo dei termini di consegna da rispettare, chi si occuperà di istruire i due nel nuovo reparto? Non c'è davvero nessuno che possa farlo al momento. E noi abbiamo bisogno di persone che siano in grado di lavorare a un ritmo sostenuto da subito e non di avere delle specie di apprendisti...
Dottoressa: Ferrari tu hai ragione, ma mi permetto di ricordarti che dobbiamo assolutamente trasferire i due responsabili al più presto, non abbiamo alternative
Donna 2 (Dottoressa Alberici): Se permettete io un'alternativa ce l'avrei. Perché non mandiamo i due responsabili a fare un periodo di preparazione alla filiale di Brindisi?. Che so, per una settimana. Lì seguono le stesse tecniche di produzione che seguiamo noi, quindi non c'è problema.
Uomo: Scusate ma non sono d'accordo...Non possiamo obbligarli ad andare allo stabilimento di Brindisi.
Dottoressa: Perché no? Sono completamente d'accordo con la dottoressa Alberici, mi sembra un'ottima idea. Vediamo un po' prima di decidere, proviamo ad analizzare i pro e i contro. L'idea non mi sembra niente male, dovremmo però chiarire alcuni punti riguardo...

Dialogo E:
Uomo: Dottoressa Giorgi, se lei ha un attimo di tempo vorrei parlarle a quattr'occhi un momento...
Dott. G.: Senz'altro, venga, si accomodi nel mio ufficio.
Uomo: Come lei certamente sa, io lavoro in questo ufficio da tre anni ormai e mi sembra che il mio lavoro sia stato apprezzato da tutti, anche da lei.
Dott.: Ho capito Signor Lamberti, lei mi sta chiedendo una promozione, il posto lasciato dal Ragionier Merlato che è andato in pensione è libero ora.
Uomo: No, ecco beh, sì, Dottoressa Giorgi, credo che il mio apporto al lavoro di quest'ufficio sia stato più che soddisfacente, ho pensato che dopo tre anni di...
Dott. G.: Lo sa che ci stavo pensando anch'io? L'azienda ha bisogno di personale giovane e dinamico per quella posizione e lei mi sembra un ottimo candidato... ma come lei sa, io devo parlare con il consiglio di amministrazione... se anche loro sono d'accordo, da parte mia non esistono controindicazioni.
Uomo: So che lei non può prendere questa decisione da sola, ma le sarei grato se volesse sostenere la mia candidatura. Lei sa bene come lavoro e sa quali sono i miei pregi e anche i miei difetti.
Dott. G.: Sì, sì, la conosco bene e non potrò che parlare bene di lei al consiglio di amministrazione...
Uomo: La ringrazio per la fiducia, sa bene che potrà sempre contare sul mio lavoro e sulla mia competenza...
Dott. G.: Lo so Signor Lamberti, vedrò cosa posso fare, il mio aiuto non le mancherà.
Uomo: Grazie ancora...

trascrizione dei brani audio

L'ITALIANO AL TELEFONO

1 Ascolta le telefonate e scrivi vicino ad ogni situazione la lettera corrispondente delle telefonate.

Telefonata A
Segretaria: Superbox, desidera?
Uomo: Buongiorno, il Ragionier Pezzali è in ufficio? Sono Bia.
S: Mi dispiace Signor Bia ma il Ragionier Pezzali è fuori Vicenza oggi.
U: Quando lo posso trovare?
S: Domani mattina sarà in ufficio come al solito. Devo riferire qualcosa?
U: No grazie, non importa, non è niente di urgente. Richiamo io domattina. Grazie.
S: Come desidera, buongiorno.
U: Arrivederci.

Telefonata B
Assistente: Ufficio del Dottor Spinelli.
Donna: Buongiorno, sono Cannavaro della CAMST, vorrei parlare con il Dottor Spinelli, per favore.
A: Un momento prego, vedo se è libero. Il dottore è con un cliente al momento. Vuole lasciare detto a me?
D: Devo parlare con il dottore personalmente, si tratta della nostra pratica....
U: Allora posso farla richiamare più tardi? Tra una mezzora diciamo.
D: Va bene, aspetto la telefonata fra mezz'ora, grazie.
U: D'accordo, arrivederci.
D: Grazie, buongiorno.

Telefonata C
Uomo: Pronto?
Uomo A: parlo con l'ufficio del Signor Balisciano?
U: Sì, desidera?
U A: Sono Parisi dell'Unione Industriali, vorrei parlare con Balisciano se è possibile.
U: Un attimo prego. Il Signor Balisciano è sull'altra linea, può attendere?
U A: No guardi, non potrebbe farmi richiamare? Ho delle persone che stanno aspettando....
U: Va bene, il Signor Balisciano ha il suo numero?
U A: Credo di sì, comunque le lascio il numero diretto: 0522- 5645330 o 211.
U: Va bene Signor Parisi, la faccio richiamare appena possibile.
U A: La ringrazio e mi raccomando si tratta di una questione urgente....
U: Non si preoccupi, riferirò immediatamente appena si libera.
U A: Benissimo, grazie ancora.
U: Arrivederci.

2 Ascolta ancora le telefonate e indica se le seguenti informazioni sono vere o false.

Vedi dialogo attività precedente.

3 Ascolta attentamente le telefonate di cui mancano le battute centrali. Scegli tra alcuni dei suggerimenti quelli che ritieni più opportuni per completarle.

Telefonata 1
A: Luigi non c'è, torna in magazzino verso le quattro e mezzo....
...

A: ....dunque sì... lo abbiamo, è il 5600432?
B: Esatto. Aspetto la telefonata.
A: Senz'altro. Buongiorno.
B: Grazie, buongiorno.

Telefonata 2
A: C'è il geometra Liguori?
B 2: Un momento per favore... Chi devo dire?
A: Sono Dolci.
...

A: Come preferisce.
B: Grazie, arrivederci.
C 2: Arrivederci.

L'ITALIANO IN AZIENDA

Telefonata 3
A: Mi dispiace il Signor Chiari è fuori città.
B: Ah! Ho capito, e quando lo posso trovare?
A: Guardi è fuori per una fiera, tornerà fra due giorni.
...

A: Senz'altro glielo dirò, non si preoccupi.
B: Va bene, la ringrazio.
A: Prego, arrivederci.
B: Buongiorno.

4 Adesso riascolta le telefonate complete e controlla le tue risposte.

Telefonata 1
A: Luigi non c'è, torna in magazzino verso le quattro e mezzo....
B: Potrebbe farmi richiamare per favore, io sono in ufficio fino alle sette.
A: D'accordo, Lei è...?
B: Sono Alberto Benzi della Mark. Dovrebbe già avere il mio numero.
A: ....dunque sì... lo abbiamo, è il 5600432?
B: Esatto. Aspetto la telefonata.
A: Senz'altro. Buongiorno.
B: Grazie, buongiorno.

Telefonata 2
A: C'è il geometra Liguori?
B 2: Un momento per favore... Chi devo dire?
A: Sono Dolci.
B: Il geometra sta parlando su un'altra linea. La metto in attesa?
A: No guardi, non posso aspettare. Richiamo io più tardi.
A: Come preferisce.
B: Grazie, arrivederci.
A: Arrivederci.

Telefonata 3
A: Mi dispiace il Signor Chiari è fuori città.
B: Ah! Ho capito e quando lo posso trovare?
A: Guardi è fuori per una fiera tornerà fra due giorni.
B: Ho capito...uhm...
A: Vuol lasciare detto a me?
B: Dunque sì, anzi no, potrebbe dirgli che l'ho cercato e se può richiamarmi appena torna?
A: Senz'altro glielo dirò, non si preoccupi.
B: Va bene, la ringrazio.
A: Prego, arrivederci.
B: Buongiorno.

unità 9 - MERCI IN VIAGGIO

In ufficio

9 Ascolta le tre conversazioni che riguardano la spedizione di merci e riempi le tabelle.

Dialogo A:
A: Senta Luigi, siamo piuttosto in ritardo con la spedizione dell'olio al cliente di Cardiff. Dovrebbe telefonare alla solita compagnia navale.
B: Mi stavo appunto organizzando... Ho telefonato ieri alla compagnia e mi hanno detto che hanno un mercantile che parte mercoledì prossimo da Genova per Cardiff.
A: Benissimo, allora dovrebbe organizzare il trasporto per Genova, ha già trovato l'autotreno?
B: Sto aspettando una risposta dalla nostra agenzia di spedizioni, dovrebbe esserci un camion qui in zona martedì mattina. In giornata dovrebbe arrivare a Genova e mercoledì mattina i due container dovrebbero essere caricati sulla nave. La nave arriverà a Cardiff il sabato della stessa settimana.
A: Ha preparato la distinta di imballaggio e la polizza di carico?
B: La distinta è pronta, stavo preparando la polizza di carico.
A: Dunque mi faccia vedere, abbiamo 150 casse, ognuna contiene 4 cartoni da 6 bottiglie. Va bene. Adesso scriva per favore la polizza di carico e chieda conferma del camion... Vorrei poi controllare la polizza di carico.

trascrizione dei brani audio

B: Senz'altro, appena è pronta gliela porto.
A: Dopo che io avrò controllato, mandi anche un fax alla ditta di Cardiff per confermare la spedizione e chieda conferma del credito documentario...

Dialogo B
A: Dunque, dobbiamo spedire la mozzarella a quel cliente di Berlino, per favore contatta la compagnia aerea e chiedi se c'è posto per dopodomani sul solito volo delle 7 e 15 che arriva a Berlino alle 9. Quando ricevi la conferma da' ordine di preparare la merce e controlla se abbiamo un furgone libero alle 6 per portare la merce all'aeroporto.
B: D'accordo, dunque erano 100 chili di mozzarella di bufala...posso già preparare la polizza di carico?
A: Aspetta la conferma della compagnia. Hai già mandato la fattura proforma a Berlino?
B: Accidenti, l'ho dimenticato. Non so proprio come sia successo.
A: Va bene, non importa, mandala subito via fax e telefona a Berlino per avvisare. Poi non dimenticare di controllare se domattina c'è il furgone, avvisa, l'autista.
B: Senz'altro lo faccio subito gli dico...

Dialogo C
B: Avanti!
A: Posso? Dunque, volevo informarla che sono arrivati i documenti di spedizione del container dalla Turchia.
B: Ah, perfetto, su che nave è imbarcato?
A: Sulla Costantinopoli, è partita da Istanbul il 3 maggio.
B: Quindi dovrebbe arrivare ad Ancona il 6 o il 7. Ha provveduto ad avere la licenza di importazione dal Ministero?
A: Tutto fatto, ce l'abbiamo già.
B: Abbiamo già tutti i documenti per trasporto da Ancona a Milano?
A: No, veramente non abbiamo ancora ricevuto nulla.
B: Allora, richieda subito alla ditta turca la polizza di carico, la distinta di imballaggio e il certificato d'origine.
A: Non si preoccupi, provvederò subito. Mando subito un fax, dunque erano 800 tappeti, se non ricordo male.
B: Esatto, ma è meglio controllare la fattura proforma e specificare ancora una volta il tipo di merce. A proposito, ha già ricevuto notizie dalla banca per il credito documentario?
A: Non ancora...
B: Mi raccomando, deve assolutamente controllare anche questo...
A: Senz'altro, me ne occupo immediatamente.
B: Va bene, ma voglio essere tenuto al corrente di tutto.
A: Non appena avrò ricevuto qualcosa glielo farò sapere... e comunque in ogni modo..

10 Ascolta ancora una volta la terza conversazione e scrivi le parti mancanti.

Vedi dialogo C attività precedente

L'ITALIANO AL TELEFONO

1 Ascolta la telefonata che segue e scegli le risposte giuste.

Segretaria: Il Vigneto, desidera?
Micheli: Buongiorno, sono Micheli, la Signora Giovati mi aveva cercato...
Segretaria: Un momento, attenda in linea, per favore. *[musica di attesa]*
Segretaria: Sì Signor Micheli, le passo la Signora Giovati.
Micheli: La ringrazio.
Sig. Giovati: Signor Micheli buongiorno, l'avevo cercata ieri per quel suo ordine di vino frascati, abbiamo qualche problema.
Micheli: Mi dica...
Sig. Giovati: Ecco vede, non abbiamo... al momento non siamo in grado di soddisfare la sua richiesta nei tempi richiesti. Possiamo evadere il suo ordine con una settimana di ritardo rispetto a quello che ci chiede...
Micheli: Capisco..., ma se lei mi dice che si tratta solo di una settimana... credo di potere sicuramente...

2 Ascolta la telefonata e rispondi alle domande.

Segretaria: Pronto?
Signora Melato: Buongiorno, sono Melato della Corriere Express, la mia collega mi ha detto che la Signora Merloni ha chiesto di me mezz'ora fa.
Segretaria: Ah sì, Signora Melato, mi dispiace ma ora la signora è uscita... mi ha lasciato però un messaggio per lei.
S. M.: Mi dica.
Segretaria: Sì, dunque, vorremmo conoscere la vostra disponibilità per una consegna di frutta dal porto di Livorno per Milano.
S. M.: Quando vi servirebbe l'autotreno?
Segretaria: Il carico arriva tra tre giorni, cioè il 17 al porto di Livorno la mattina e la merce dovrebbe essere caricata e consegnata in giornata a Milano presso il supermercato Primo. Si tratta di un carico di banane e ananas dalla Costa Rica.

S. M.: Ho capito, allora mi faccia controllare la disponibilità in zona per il giorno 17, dunque... guardi ho bisogno di controllare meglio la situazione, potrò essere più precisa, diciamo nel primo pomeriggio, ma credo che non ci siano problemi... per voi va bene se vi do la conferma nel primo pomeriggio?
Segretaria: Credo che non ci siamo grossi problemi...
S. M.: Va bene, allora mi lasci parlare con l'autista, la richiamo al massimo alle tre e mezza...
Segretaria: Perfetto, aspetto una sua telefonata nel pomeriggio, intanto riferisco alla Signora Merloni che ...

5 Ascolta le due telefonate nelle quali manca la conclusione. Leggi le possibili conclusioni che seguono, poi riascolta le telefonate e concludile.

Telefonata 1
A: Ho capito, dunque la merce dovrebbe partire da Marghera il 22 e arrivare ad Atene il 26.
B: Esatto, se decide di affidarci il carico appena la nave salperà le manderemo un fax di conferma.
A: Credo che possa andare.

Telefonata 2
A: Mi dispiace ma in questo momento è in riunione. Potrebbe richiamare tra un'ora?
B: Guardi, ora devo uscire, preferisco lasciar detto a lei.
A: Mi dica.
B: Volevo...

unità 10 - AFFRONTARE PROBLEMI

In ufficio

2 Ascolta le conversazioni e abbinale all'immagine giusta.

Conversazione 1:
A: Sì, esatto, ho appena finito di aprire gli imballaggi, hanno entrambi lo schermo rotto. No, non so cosa sia successo, quando sono arrivate le casse erano completamente sigillate e sembrava tutto a posto..... Sì, ho qui la bolla di consegna: si tratta dell'ordine 565 del 10 novembre... Va bene ora glielo porto.

Conversazione 2
A: Davvero, non so cosa sia successo, a un certo punto ha cominciato a fare uno strano rumore. Ho cercato di fermarla ma non c'è stato nulla da fare. Il tasto sembra bloccato. Poi è cominciata a uscire tutta questa schiuma e non si vuole fermare. Che devo fare?
B: Hai provato a staccare la spina?
A: Buona idea, adesso provo...

Conversazione 3:
Informiamo i signori passeggeri del volo AZ 123 per Milano Linate in partenza alle 7 e 50 che il volo subirà un ritardo di 50 minuti, causa problemi di traffico sulla pista. We inform the passengers of the flight AZ ...
Voce uomo: Esatto, non credo che potrò arrivare prima delle 10 e mezza..... va bene, farò il possibile. Intanto cominciate senza di me.

Conversazione 4
A: Se la matematica non è un'opinione qui ci deve essere un errore.
B: Fa' vedere..... eh, sì, si sono proprio sbagliati. Strano, di solito sono sempre così precisi.
A: E' vero, ma può succedere... Che facciamo, telefoni tu?
B: Va bene, dammi il numero, per favore...

9 Ascolta alcune parti di conversazioni tra clienti insoddisfatti e i fornitori. In ogni conversazione i clienti si lamentano di un particolare problema. Abbina ogni problema alla conversazione giusta.

Conversazione 1:
A: Non capisco, davvero non capisco, ma avete controllato il nostro ordine, si tratta dell'ordine N° 457/A del 2 marzo scorso. Noi vi avevamo ordinato solamente 20 modelli "fashion" di tutte le taglie, 30 camicie da uomo modello "Elegant" e 25 paia di pantaloni modello "Toscana". Eh, ci deve essere stato un errore, non vendiamo costumi da bagno e non possiamo averli ordinati!

Conversazione 2
A: Sì guardi, nella vostra offerta ci avevate promesso uno sconto dell'8% per ordini superiori ai 100 pezzi. Io qui leggo che lo sconto da voi calcolato nell'importo è solo del 3%. Probabilmente si è trattato di una svista. Le sarei grato, però se volesse rettificare la fattura che ci avete mandato e praticarci lo sconto promesso anche perché poi...

Conversazione 3
A: Sì, come dicevo al suo collega lo schermo è rotto.
B: E' sicura che l'apparecchio sia stato maneggiato con cura....forse qualcuno nell'ufficio l'ha inavvertitamente fatto cadere.
A: E' impossibile, mi è stato appena consegnato dal vostro fattorino e ho appena aperto lo scatolone.
B: Ho capito, mi dispiace molto per l'accaduto, probabilmente non è stato maneggiato con la dovuta cautela durante il trasporto. Ritireremo al più presto la macchina, intanto provvederò a spedirgliene una nuova.

Conversazione 4
A: Noi aspettavamo la merce per una settimana fa come voi ci avevate promesso. Lei deve capire che ho degli impegni da rispettare, avevamo contato sulla vostra fornitura, adesso ci troviamo in serie difficoltà.
B: La capisco, dovete scusarci, ma in quest'ultima settimana siamo stati letteralmente sommersi da problemi, prima uno sciopero di tre giorni del nostro personale, poi uno sciopero dei trasporti pubblici. Lei deve capire....

Conversazione 5
A: Ecco guardi, io avevo ordinato unicamente del materiale di cancelleria per il nostro ufficio. Ecco vede, della carta per fotocopie, delle buste, biro, cartelline... Non capisco cosa sia successo, non ci sono bambini in questo ufficio.
B: Probabilmente il suo ordine è finito tra quelli del reparto giocattoli...
A: Capisco, ma scusi non mi sembra che si possa scambiare della semplice carta con...

L'ITALIANO AL TELEFONO

1 Ascolta le tre telefonate e indica il motivo della chiamata.

Telefonata 1
A: Pronto?
B: Pronto? parlo con il Ragionier Baratta? Sono Giovati.
A: Signor Giovati buongiorno, posso esserle utile?
B: Certo! Ho qui davanti la vostra ultima fattura per la fornitura di tubi metallici, ci dev'essere un errore, l'importo da pagare è troppo alto, forse si è trattato di una svista del suo collaboratore. Ma non può essere un importo di 2.556 euro IVA esclusa! Ricordo che il preventivo che mi avete fatto, era di circa 1.550 euro, adesso non ricordo la cifra esatta.
A: In effetti la cifra mi sembra un po' alta, potrebbe dirmi il numero della fattura che controllo immediatamente?
B: Sì, il numero è 78/01, del 28 febbraio.
A: Se attende in linea sono da lei fra un minuto...
B: Aspetto.
A: Signor Giovati mi deve proprio scusare, non so come sia potuto succedere un fatto del genere. Lei ha ragione: l'importo della sua fattura è sbagliato, in effetti rifacendo i calcoli con il prezzo al metro del tipo di tubo che lei ha scelto l'importo totale diventa di 1.627 euro Non riesco davvero a capire ....Guardi, in questo momento il mio collaboratore non c'è ma stia sicuro che gli farò presente l'errore. Non so davvero come scusarmi...
B: Guardi, l'importante è che si sia tutto risolto. Le dispiacerebbe mandarmi la fattura corretta?
A: Gliela mando senz'altro e la prego ancora di scusarmi, sono desolato...inconvenienti del genere succedono raramente nel mio ufficio, poi per una cifra del genere, davvero non capisco...

Telefonata 2:
A: Buongiorno, sono Luisa dell'Assistenza clienti della New E-commerce, posso esserle utile?
B: Sì guardi ho appena ricevuto il vostro cellulare che ho ordinato in rete la settimana scorsa, ma non riesco a trovare il libretto delle istruzioni.
A: Potrebbe dirmi per favore il numero del suo ordine?
B: Dunque, un momento... sì, ecco è il 564 ZC...
B: Un attimo che controllo sul computer... Ah sì, ecco Signora Zorzi, si tratta del modello Alfa 345?
A: Esatto proprio quello...
B: Non so come spiegarmi l'accaduto, di solito facciamo controlli molto accurati prima della spedizione.... dunque signora, ho preso i suoi dati e le spediremo il libretto oggi stesso per corriere espresso.
A: Quando pensa che dovrebbe arrivare?.
B: Di solito arriva al massimo entro tre giorni lavorativi, ma probabilmente entro domani, massimo dopodomani, dovrebbe riceverlo.
A: Speriamo, io contavo di usarlo subito.
B: Mi dispiace davvero molto signora, ma posso passarle il servizio tecnico, le daranno le prime indicazioni per farlo funzionare in attesa del libretto.
A: Buona idea... può farlo?
B: Senz'altro signora, le passo uno dei nostri tecnici, attenda in linea e le chiedo ancora scusa per l'inconveniente.

Telefonata 3:
A: "Stile Donna" buongiorno.
B: Ah buongiorno, vorrei parlare con l'ufficio spedizioni, per favore.

L'ITALIANO IN AZIENDA

A: Chi parla, mi scusi?
B: Sono Martone della [rumori sulla linea]
A: Scusi, non ho capito bene, Martone di..........
A: G-a-l-l-e-r-i-a 2000, di Forlì.
B: Può attendere in linea per favore?

C: Pronto?
B: Ah buongiorno, parlo con il Signor Ferrario?
C: Sì. Sono io.
B: Sono Martone della "Galleria 2000 di Forlì, non so se si ricorda, ma circa un mese fa ho ordinato diversi articoli dal vostro catalogo della collezione primavera-estate.... Si tratta dell'ordine 56 del 3 marzo.
C: Sì, ricordo benissimo il suo ordine....c'è qualcosa che non va?
B: Sì guardi, è passato più di un mese e non ho ancora ricevuto niente, mi avevate assicurato la spedizione entro 15 giorni dalla conferma dell'ordine, è già la seconda volta che telefono, lei deve capire io ho dei clienti che aspettano, la primavera è cominciata, non potete farmi aspettare così tanto, io ho degli impegni da rispettare, in questo modo mi fate perdere le clienti....
C: Signora Martone, lei ha perfettamente ragione, non riesco a capire cosa sia successo con
il suo ordine, sono sicuro di aver passato l'ordine al magazzino...
B: Mi scusi, ma non potrebbe controllare subito, io non posso più aspettare, deve capire che 15 giorni di ritardo
sono un'eternità...
C: Non si preoccupi, ho preso nota del numero del suo ordine, controllo immediatamente e la richiamo in mattinata.
B: Guardi che io aspetto la sua chiamata, se non chiama lei entro mezzogiorno richiamo io perché è veramente molto urgente, la mia situazione è diventata insostenibile.
C: La capisco e mi scuso signora, la richiamerò senz'altro in mattinata così...

2 Ascolta le telefonate ancora una volta. Sei la persona che le ha ricevute, prendi appunti per ogni telefonata su quello che bisogna fare per rimediare ai problemi che i clienti ti hanno sottoposto.

Vedi telefonate attività precedente

**3 Ascolta la telefonata tra una cliente e il ragioniere addetto alle spedizione della ditta abbigliamento mare.
Si tratta di un reclamo. Sei il ragioniere Capacchi, le tue risposte mancano. Ascolta la telefonata, prendi appunti per preparare le tue risposte. Quando sei pronto rispondi alla telefonata e parla negli appositi spazi di silenzio.**

Rag. Capacchi: Pronto, Abbigliamento mare, sono Capacchi.
Signora Brancati: Sono Brancati della boutique Donna Mare. Come lei sa ho ordinato da voi dei costumi da mare da donna. Aspettavo l'arrivo della merce tra giorni fa come avete indicato nella vostra lettera. Non ho ancora visto niente, ho delle clienti che aspettano! Qui siamo in piena stagione turistica, non posso più aspettare. Non so se si rende conto del danno per la mia attività....

Rag. Capacchi:
Signora Brancati: Ma certo, l'ho qui davanti! E' il numero 456 del 12 marzo scorso.

Rag. Capacchi:
Signora Brancati: Guardi che a me non interessa cosa è successo, so solo che si tratta di una spedizione molto importante per me. Come le ho detto sto perdendo la mia clientela. Sono veramente molto delusa e arrabbiata, non mi era mai successo di incontrare una tale sciatteria. Deve fare assolutamente qualcosa, io mi rifiuto di aspettare un momento di più...

Rag. Capacchi:
Signora Brancati: Guardi se lei non mi fa sapere qualcosa entro stamattina le posso assicurare che questa è l'ultima volta che faccio un ordine da voi e chiederò senz'altro un risarcimento molto molto salato, non è possibile, non è possibile...

Rag. Capacchi:
Signora Brancati: Va bene aspetterò, ma se non ho sue notizie entra l'una si aspetti pure un'azione legale, io sta perdendo clienti e affari, si ricordi, si metta una mano sulla coscienza...

Rag. Capacchi:
Signora Brancati: Ho capito, ho capito allora aspetto! Mi raccomando!

Rag. Capacchi:
Signora Brancati: Arrivederci, arrivederci.

trascrizione dei brani audio

4 Adesso ascolta la telefonata originale. Come te la sei cavata?

Rag. Capacchi: Pronto, Abbigliamento mare, sono Capacchi.
Signora Brancati: Sono Brancati della boutique Donna Mare. Come lei sa ho ordinato da voi dei costumi da mare da donna. Aspettavo l'arrivo della merce tra giorni fa, come avete indicato nella vostra lettera. Non ho ancora visto niente, ho delle clienti che aspettano! Qui siamo in piena stagione turistica, non posso più aspettare. Non so se si rende conto del danno per la mia attività...
Rag. Capacchi: Sono veramente dispiaciuto Signora, non so cosa sia successo. Le dispiacerebbe dirmi il numero del suo ordine?
Signora Brancati: Ma certo, l'ho qui davanti! E' il numero 456 del 12 marzo scorso.
Rag. Capacchi: Un momento che cerco subito il suo ordine, attenda in linea per favore.
Ecco qui il suo ordine. Dunque... vedo che la merce è stata spedita una settimana fa, non riesco a capire cosa sia successo.
Signora Brancati: Guardi che a me non interessa cosa è successo, so solo che si tratta di una spedizione molto importante per me. Come le ho detto sto perdendo la mia clientela. Sono veramente molto delusa e arrabbiata, non mi era mai successo di incontrare una tale sciatteria. Deve fare assolutamente qualcosa, io mi rifiuto di aspettare un momento di più...
Rag. Capacchi: Signora lei ha perfettamente ragione ma deve darmi il tempo di verificare cosa è successo presso la ditta che effettuato la spedizione. Le prometto di farle sapere qualcosa al più presto, questa mattinata stessa.
Signora Brancati: Guardi se lei non mi fa sapere qualcosa entra stamattina le posso assicurare che questa è l'ultima volta che faccio un ordine da voi e chiederò senz'altro un risarcimento molto molto salato, non è possibile, non è possibile...
Rag. Capacchi: Le posso assicurare che farò l'impossibile. Non è mai successo un fatto del genere presso la nostra ditta. Gliel'assicuro.
Signora Brancati: Va bene aspetterò, ma se non ho sue notizie entro l'una si aspetti pure un'azione legale, io sta perdendo clienti e affari, si ricordi, si metta una mano sulla coscienza...
Rag. Capacchi: Non si preoccupi, riceverà molto presto una mia telefonata.
Signora Brancati: Ho capito, ho capito allora aspetto! Mi raccomando!!!
Rag. Capacchi: Senz'altro Signora a fra poco, arrivederla.
Signora Brancati: Arrivederci, arrivederci...

LA CULTURA DEGLI AFFARI

1 Ascolta la conversazione tra due italiani. Secondo te stanno litigando? Di che cosa parlano?

A: Non sono mai stato così contento come adesso della mia macchina, guarda, eccola!
B: Ma questa è la tua? La tua macchina nuova?
A: Certo che è la mia macchina nuova!
B: Ma guarda, che te sei impazzito?
A: E sono impazzito, ma perché?
B: Ma che ci fai con una macchina come questa, tu?
A: Ma come cosa ci faccio con una macchina come questa, è eccezionale, è una macchina che ha delle prestazioni meravigliose...
B: Ma scusa, senti, solo per...quanti siete in famiglia?
A: Siamo in quattro, e beh?
B: Beh, in quattro ... ma fatti una station wagon, che ti fai una berlinetta così..., ma dai...
A: Ma 'na berlinetta, questa è una macchina che... Innanzi tutto tu devi tenere in considerazione che la guido quasi sempre io. Ci sono quasi sempre io soltanto dentro questa macchina, quindi, deve servire a me più che altro, la famiglia sì va beh...
B: Si va beh ma c'ha prestazioni ridicole tra l'altro, siete in quattro, anche tutti abbastanza robusti, pesantucci, tre, te e tua moglie...Insomma. Via dai...
A: E allora?
B: Ma, ma non non...è sedici valvole?
A: Sì, beh...
B: Fortuna che l'hai presa sedici valvole...
A: Ma perché secondo te questa c'ha delle prestazioni, certo che ha sedici valvole ha delle ottime prestazioni oltretutto c'ha una tenuta in curva che è meravigliosa...
B: Ah, certo la tenuta incurva ti ci vuole anche perché tra l'altro con quei due figli che ti ritrovi...
A: Sì, sarà bella le tua...Ma la tua, la vedi, tra l'altro con quel colore...scusa eh...
B: Ma, ma, ma, lascia perdere la mia che è vecchia di dieci anni, è ora che la cambio. Ma tu hai deciso di cambiare la macchina, c'hai speso sopra una barca di soldi...
A: Sì, c'ho speso sopra sì certo.
B: e poi tra l'altro ti compri una macchinetta in questa maniera tra l'altr..., italiana...
A: Certo...Perché i pezzi di ricambio li trovo dove mi pare, tutti,
B: Ma fatti na bella macchina!
A: ....anche il meccanico del paesino...
B: Al risparmio, al risparmio...Proprio, proprio tipico italiano al risparmio...
A: Sì al risparmio ...Io devo calcolare tutto, ma ti rendi conto che siamo in un momento in cui bisogna farli certi calcoli eh, mica possiamo così scialare...
B: Sì va beh, ma con tutti i colori che ci sono a disposizione, si fa la macchina: bianca!

L'ITALIANO IN AZIENDA

B: La scusa qual è?
A: Certo!
B: Che così quando picchia il sole non si riscalda...
A: Beh, ti pare un motivo da poco?
B: Eh, ma mettici il climatizzatore no... invece di risparmiare, non fare il taccagno, come al solito...
A: Il climatizzatore, si vedrà, può essere una spesa successiva... Intanto c'ho messo quelle... copri... sedili, quelli di paglia.
B: Ah, la pagliettina...
A: Eh già!
B: Ah, ah, ah guard .... la pagliettina.
A: Certo e mi tengo pure il cappello di paglia in testa quando guido, va bene.
B: E certo e i guantini come Sordi... magari no? Ecc... ma per carità...

2 Ascolta le frasi pronunciate da questi italiani. Secondo te sono poco educati?

A: Scriva subito la lettera alla ditta Basico, mi serve fra un'ora.
B: Apri la finestra, in questo ufficio non si respira!
C: Giovanna, sono arrivate le fatture che aspettavamo? Vai subito a controllare la posta.
D: Deve assolutamente dirmi che cosa intende con questa proposta.

unità 11 - ANCORA SOLDI

In ufficio

2 La responsabile amministrativa della ditta, Dott.ssa Corrente, convoca il responsabile commerciale, Rag. Mengaldo e insieme discutono della situazione difficile. Ascolta la conversazione e completa con le parti mancanti.

Dott.ssa Corrente: Ho qui i dati delle vendite del nostro yogurt negli ultimi due mesi. Come anche lei avrà già avuto modo di constatare, le vendite stanno registrando un continuo calo. Dopo un'impennata iniziale, grazie al lancio del prodotto a un prezzo stracciato, le vendite sono andate calando in continuazione fino a raggiungere attualmente il 70% in meno rispetto a quelle iniziali. Si renderà conto che di questo passo non riusciremo mai a raggiungere gli obiettivi che ci eravamo prefissati.
Rag. Mengaldo: Devo prendere atto che i dati parlano da soli. Purtroppo la tendenza delle vendite in questo momento non lascia spazio all'ottimismo....
Dott.ssa Corrente: Ma si rende conto di che cosa comporta questo per la nostra azienda? Non solo non ci siamo avvicinati agli obiettivi iniziali, non li abbiamo nemmeno sfiorati...
Rag. Mengaldo: Un momento, non possiamo non tener conto di alcune variabili che si sono verificate... C'è stato un considerevole aumento della materia prima che ci ha obbligato a proporre un prezzo di mercato superiore a quello preventivato. Inoltre più o meno nello stesso periodo è uscito sul mercato un prodotto dalle caratteristiche molto simili al nostro ed è stato proposto con un prezzo leggermente inferiore e quindi più competitivo.....
Dott.ssa Corrente: Certo, sono perfettamente al corrente della situazione. E' evidente che il quadro del mercato da lei prospettato non corrisponde alla reale situazione che abbiamo ora sotto gli occhi.
Rag. Mengaldo: Lei ha ragione, devo però ricordarle che la fascia di mercato a cui si rivolge il nostro prodotto è particolarmente esigente e direi anche difficile da conquistare. Debbo ammettere che gli aumenti imprevisti hanno influito negativamente e inoltre, come le avevo già fatto notare in un promemoria dettagliato di due mesi fa, la campagna pubblicitaria non si è rivelata sufficientemente incisiva.
Mi permetta di sottolineare che gli spot televisivi non hanno raggiunto il consumatore tipo che noi avevamo scrupolosamente individuato e descritto. Mi dispiace che il responsabile alla pubblicità non sia presente ma forse occorre prendere atto della scelta sbagliata nell'affidare la campagna pubblicitaria all'agenzia Publitop.
Dott.ssa Corrente: Capisco in parte le sue ragioni e ne discuterò anche con il dottor Griggio. Ma adesso, allo stato attuale posso chiederle come intende procedere? Quali sono le sue proposte concrete e realizzabili nell'immediato per recuperare il mercato e rientrare nei costi previsti?

6 L'ufficio si sta organizzando per le prossime ferie estive. Ascolta la conversazione e segna sul calendario i periodi che ognuno ha scelto per le vacanze.

Marcello: Dunque, avete tutti pensato alle ferie? Dobbiamo decidere al più presto i turni così evitiamo di trovarci all'ultimo minuto senza gente in ufficio. Vi anticipo che, come ogni anno, l'ufficio rimarrà chiuso la settimana di ferragosto cioè dal 12 al 19 agosto. Adesso ognuno di noi deve dire in quale altro periodo vorrebbe prendere le ferie, abbiamo i soliti 15 giorni. Tu che cosa proponi, Luciano?
Luciano: Io quest'anno non ho problemi, la mia ragazza è appena stata assunta così non avrà ferie, almeno per quest'estate, quindi fate voi, decidete quando volete andare in vacanza e io mi adeguerò alle esigenze dell'ufficio. Allora Fiorenza, tu cosa preferiresti?
Fiorenza: Se proprio dovessi scegliere senza farmi problemi io starei a casa i 15 giorni che precedono la chiusura di ferragosto, così finalmente quest'anno riesco ad avere un lungo periodo di riposo, se vi ricordate l'anno scorso mi sono adeguata

trascrizione dei brani audio

alle vostre esigenze. Quindi starei a casa da lunedì 24 luglio fino a venerdì 11 agosto per i miei 15 giorni, poi c'è la settimana di chiusura, quindi tornerei al lavoro lunedì 21 agosto. Tre settimane in montagna! Non ci posso credere! Ti va bene Roberto?
Roberto: Sì, insomma, più o meno potrebbe andare, anche a me sarebbe piaciuto stare a casa dalla fine di luglio... ma se per Fiorenza è così importante quel periodo...
Fiorenza: Eh dai Roberto non fare il difficile, l'anno scorso ti abbiamo lasciato scegliere perché dovevi andare ai Caraibi con quella mora mozzafiato che avevi conosciuto in palestra, quest'anno non mi sembra che ci sia nessuna donna da accontentare...
Roberto: E va bene, avete ragione, quest'anno dovrò cercare compagnia direttamente in vacanza, non è poi così tragico... Dunque ho visto un'offerta molto interessante per 15 giorni al Mar Rosso, sarebbe l'ultima settimana di giugno e la prima di luglio, dunque andrei in ferie da lunedì 26 giugno fino a venerdì 7 luglio. Potrebbe andare? Tu che dici Michela?
Michela: Come sapete mio marito ha le ferie obbligate dopo ferragosto quindi se va bene per tutti io farei le mie due settimane dal 21 agosto al 4 settembre. Così io e mio marito possiamo portare i bambini al mare. Ma tu Marcello non hai ancora deciso?
Marcello: Mi sembra che per adesso non ci siano grossi problemi, ci saranno sempre almeno 4 persone in ufficio e questo è un buon inizio. Io preferirei andare in vacanza a settembre quest'anno. Lo so che è un periodo un po' brutto per l'ufficio, ma se si potesse fare a meno di me, io in settembre andrei molto volentieri in Sicilia. Quindi direi dall'11 al 22 settembre, tornerei cioè in ufficio il 25 settembre.
Tutti: Possiamo sapere chi hai intenzione di portare in Sicilia con te?
Marcello: Non ho nessuna intenzione di dirvelo, va bene? E tu Luciano che fai, resti a lavorare tutta l'estate?
Luciano: Dunque, non mi lasciate una grande scelta, ma sapete che faccio? Me ne sto a casa una settimana dal 10 al 14 luglio, poi dal 4 al 7 settembre. Mi sembra che vada bene o no?

7 Ascolta ancora una volta la conversazione e indica, dove possibile, i motivi per cui le persone hanno scelto quel determinato periodo e con chi andranno in vacanza.

Vedi conversazione attività precedente.

L'ITALIANO AL TELEFONO

1 Ascolta i messaggi lasciati nella segreteria di Laura Sposini e indica quali sono i motivi delle chiamate scegliendoli tra quelli elencati.

Messaggio A:
Buongiorno, sono Arturo Sastri della Sicur Assicurazioni. La chiamo riguardo alla sua polizza auto.
Il pagamento del premio era previsto per il 15 giugno ma non mi risulta che Lei abbia pagato. Potrebbe richiamarmi per favore appena le è possibile per farmi sapere le sue intenzioni? Può trovarmi allo 06 5640034. Grazie.

Messaggio B:
Ciao Laura, sono Pietro. Ti ricordi di me? Ci siamo conosciuti una settimana fa alla Fiera a Parma.
E' stato davvero un piacere parlare con te. Volevo chiederti se ti andasse di vederci una sera della prossima settimana magari per andare a cena insieme. Proverò a richiamarti più tardi o mi puoi chiamare allo 347 8975456. Ci sentiamo!

Messaggio C:
Pronto? Sono Lucia De Filippi della Ditta Bacco. Volevo dirle che domani non riuscirò ad essere all'appuntamento che avevamo fissato. Mi dispiace molto ma è successo un imprevisto.
Le andrebbe bene mercoledì alla stessa ora? Potrebbe richiamarmi allo 070 4262201??

Messaggio D:
Ah buongiorno, sono Giuseppe Passanisi. Sono interessato alla vostra offerta di vini rossi della Toscana.
Vorrei fare un'ordinazione se il prezzo corrisponde effettivamente a quanto pubblicizzato.
Le lascio il mio numero: 045 407895, potrebbe richiamarmi? Grazie, arrivederci.

2 Ascolta di nuovo le telefonate e completa la tabella.

Vedi messaggi attività precedente.

3 Ascolta le telefonata e completa la tabella con informazioni richieste.

Segretaria: Supermercato Iperspesa, buongiorno.
Signora Baronio: Buongiorno, sono Baronio della Conserve Campane, vorrei parlare con il signor Orlando dell'ufficio contabilità, per favore.
Segretaria: Attenda in linea per favore.
Signor Orlando: Pronto?
Signora Baronio: Buongiorno Signor Orlando, sono Baronio della Conserve Campane, come sta?

L'ITALIANO IN AZIENDA

Signor Orlando: Non c'è male, grazie. E lei?
Signora Baronio: Abbastanza bene grazie. Le telefono per sapere se ha ricevuto la mia lettera del 2 maggio.
Signor Orlando: Penso proprio di sì. L'ho sicuramente mandata in amministrazione.
Signora Baronio: Se si ricorda riguardava la nostra fattura relativa alla consegna del marzo scorso...
Signor Orlando: Certo, certo, ricordo la consegna...
Signora Baronio: Precisamente si tratta della fattura numero 67 del 20 marzo per un importo totale di 25.000 euro e a noi non risulta saldata. Il termine di pagamento era di 60 giorni dalla consegna.
Signor Orlando: Ho capito, un momento che controllo. Eccomi, in effetti ha ragione, la fattura non è stata ancora pagata e i 60 giorni sono scaduti...
Signora Baronio: La merce non rispettava forse le richieste del vostro ordine?
Signor Orlando: Da quello che ricordo la merce andava benissimo.
Signora Baronio: Allora quando avete intenzione di provvedere al pagamento?
Signor Orlando: Deve sapere che per noi è un momento particolarmente difficile, stavo appunto pensando di chiederle una dilazione del pagamento, se fosse possibile...
Signora Baronio: Ho capito. Ma ora siamo quasi alla fine di maggio, dovevate pagare entro il 20 aprile, mi sembra di essere stata abbastanza paziente.
Signor Orlando: Guardi, credo proprio che nel giro di 15 giorni saremo in grado di saldare la fattura.
Signora Baronio: Se si tratta veramente di quindici giorni penso di poter aspettare, ma non devono essere più di due settimane. Sa, anche noi abbiamo delle scadenze da rispettare.
Signor Orlando: Non si preoccupi, le assicuro che... dunque oggi è il 15 maggio, per la fine del mese avrete il saldo della fattura, d'accordo?
Signora Baronio: Allora ho la sua parola, eh? Guardi che ci conto!
Signor Orlando: Non si preoccupi, vedrà che questa volta saremo puntuali, anzi mi scuso per questo inconveniente che le assicuro, non si ripeterà.
Signora Baronio: D'accordo. La saluto e aspetto.
Signor Orlando: La ringrazio di nuovo. Arrivederci.
Signora Baronio: Buongiorno.

4 Ascolta ancora una volta la telefonata e indica quali delle espressioni riportate sotto sono effettivamente usate nella conversazione.

Vedi telefonata attività precedente.

unità 12 - A UNA FIERA

In ufficio

1 Ascolta la notizia e riempi la tabella.

Primo speaker: ... Do la parola al nostro inviato da Bari dove si è inaugurata oggi la Fiera campionaria del Levante.
Secondo speaker: Si è aperta oggi, otto settembre, qui a Bari la sessantacinquesima fiera del Levante che si chiuderà fra 9 giorni, domenica 16 settembre. Come sapete la prima edizione di questa manifestazione si è svolta nel lontano 1930. Da allora il prestigio e l'importanza di questa manifestazione sono cresciuti fino a farne una delle fiere campionarie più importanti a livello europeo e mondiale. Vorrei ricordare ai nostri telespettatori lo slogan di questa manifestazione che riassume sia lo spirito che l'ambizione di questo evento: "Bari ponte fra Europa e Oriente". Si tratta infatti di un momento molto importante di incontro e riavvicinamento dell'Europa a tutta l'area del Mediterraneo. Questa fiera opera quindi non è solo al servizio del mercato delle regioni dell'Italia meridionale ma allarga il suo campo operativo al sud est europeo, ai Balcani, al Medio Oriente e all'Africa settentrionale. Notevolissimo il suo ruolo di unione tra le due sponde del Mar Adriatico per la ricostruzione dei Balcani. Si aprirà oggi con la presenza del nostro capo del governo...

2 Riascolta la notizia e fa' le attività.

Vedi registrazione attività precedente

3 Sei un operatore nel settore dell'arredamento alberghiero e assisti alla presentazione di un prodotto di grande interesse per il tuo lavoro. Ascolta e prendi appunti nello schema che segue.

Dott. Pizzuto... ora vorrei però presentarvi l'ultima nata tra le nostre docce, la 142 Next.
Si tratta di un prodotto molto duttile e quindi adatto alle esigenze più diverse. Vorrei soprattutto attirare l'attenzione di coloro tra i presenti che si occupano di arredamenti per alberghi, hotel, case di vacanze e in generale per spazi abitativi di dimensioni ridotte come monolocali, bilocali, eccetera.
La nostra ditta infatti è da sempre molto sensibile alle esigenze di coloro che si trovano a operare con spazi ridotti ma che

tuttavia non vogliono rinunciare ai comfort e a un design prestigioso. Come potete osservare dalla diapositiva la nostra nuova doccia quadrata della linea Next con le sue dimensioni di 90 centimetri per 90 offre nuove soluzioni per il comfort interno e l'abitabilità.

Si tratta del frutto di uno studio molto attento che si avvale di una innovativa tecnologia produttiva che comporta numerosi vantaggi per l'utilizzatore. Tra questi mi preme soprattutto sottolineare tre caratteristiche di questa doccia che ne fanno un prodotto altamente competitivo e senza pari sul mercato attuale. Queste tre caratteristiche sono: l'estrema rapidità di installazione, la semplicità di manutenzione e l'estrema facilità di pulizia. Sono certo che converrete con me che si tratta di caratteristiche indispensabili per un prodotto progettato e pensato anche per il settore alberghiero oltre che per l'utenza privata.

Le versioni disponibili sono numerose: si va dalla semplice doccia, alla doccia multifunzioni, alla doccia con sauna che viene offerta in tre modelli. Al top della gamma è disponibile l'esclusivo trattamento "Cromoexperience" pensato per beneficiare dell'influenza positiva dei colori sul corpo e sulla psiche. Ma ora passiamo a vedere più da vicino le sue invidiabili caratteristiche tecniche. Come potete osservare da questa seconda diapositiva...

8 Ascolta l'inizio della conversazione tra un possibile compratore e l'addetto alle vendite delle macchine per la pasta. Completa la conversazione con le parti mancanti.

Addetto: Vedo che sta osservando attentamente le nostre macchine per la pasta, se le interessa sarei felicissimo di parlarle in dettaglio delle grandi potenzialità delle nostre macchine. Perché non si accomoda?
Compratore: Grazie, in effetti sono interessato...
Addetto: E allora non bisogna esitare, come si dice in Italia "domandare è lecito, rispondere è cortesia!" La prego si sieda. Lei non è italiano vero?
Compratore: Sì,... no..., a dire la verità mio nonno era italiano, io sono nato in Argentina, ma devo dire che mi sento anche, soprattutto, italiano!
Addetto: Bene! Che piacere, così lei è uno dei nostri tanti connazionali che vivono in Argentina... Lasci che mi presenti, sono Alberto Milani, responsabile delle vendite.
Compratore: Piacere, Nicola Martini.
Addetto: Il piacere è mio Signor Martini. Posso chiederle di che si occupa in Argentina?
Compratore: Sono il proprietario di una piccola catena di ristoranti italiani...
Addetto: Benissimo! Mi complimento con lei. Le devo dire subito che tra le nostre macchine per la pasta troverà senz'altro qualcosa di perfetto per le sue esigenze. Se permette passo a mostrarle quelli che ritengo essere i prodotti più adatti. Mi dica, senza dubbio nei suoi ristoranti si mangia rigorosamente italiano: tagliatelle, tortellini...... Ecco vede...

L'ITALIANO AL TELEFONO

1 Ricevi le tre telefonate che seguono per persone che non sono in casa. Prendi appunti.

Telefonata 1
A: Pronto?
B: Buongiorno, sono ancora Luisa, è tornato Marco?
A: Luisa, Marco è ancora a scuola, non capisco perché tarda tanto, di solito a quest'ora è già a casa da un pezzo...
B: Ah, ho capito. Io adesso devo uscire, non posso chiamarlo. Quando torna puoi dirgli che non ho ancora ricevuto il suo mail con le informazioni che gli avevo chiesto... se me lo può mandare al più presto mi farebbe un grande favore, mi servono quelle informazioni per stasera...
A: Va bene Luisa, appena torna glielo dico.
B: Grazie, è molto importante.
A: Non c'è problema, ho già scritto.
B: Ti ringrazio, Ciao.
A: Ciao Luisa.

Telefonata 2
A: Pronto?
B: Ciao Emilio sono Silvana, cercavo Donatella.
A: E' andata dal parrucchiere e si è dimenticata il cellulare qui a casa.
B: Sai quando torna?
A: Boh, non so, quando va dal parrucchiere ci resta delle ore, non ho idea, è uscita alle 3, adesso sono le 5... Forse verso l'ora di cena è a casa...
B: Senti le dici che stasera non ce la faccio ad andare al cinema con lei, mi ha appena telefonato la baby-sitter che non può venire. Luigi deve andare a una cena, quindi io non mi posso muovere. Se ha voglia di venire lei a casa mia possiamo guardare un film che ho preso a noleggio.
B: Va bene, appena torna, se torna, glielo dico. Che film hai preso?

Telefonata 3
A: Pronto
B: C'è Matteo? Sono Alberto.
A: Matteo è andato all'allenamento.

L'ITALIANO IN AZIENDA

B: Ah, ho capito ma non ci va di giovedì?
A: Sì, ma stamattina l'ha chiamato l'allenatore, hanno deciso per oggi.
B: Accidenti, come faccio adesso? Senta, quando torna potrebbe dirgli che io e Gianluca lo aspettiamo da Roberto al più presto possibile?
A: Va bene riferirò, ma non so bene quando torna ...
B: Non importa, noi siano qui tutto il pomeriggio e lo aspettiamo.
A: Ho capito, va bene, ciao Alberto.
B: Grazie Signora, arrivederci.

4 Ascolta le due telefonate e indica quali frasi vengono usate tra quelle elencate. Indica anche a quale delle telefonate appartengono.

Telefonata 1
A: Parla con il ragionier Torelli? Sono Sacchi della Elettroservice.
B: Sì sono io, mi dica...
A: La disturbo per farle sapere che noi verremo a montare il condizionatore domani poi
B: Come ha detto? Venite domani...
A: .... verso le quattro del pomeriggio se le va bene. Sa ci vuole un po' di tempo per fare il lavoro.
B: Non riesco a capire! Non c'è campo, questo maledetto telefonino! Ha detto che verreste domani pomeriggio a che ora?
A: Mi sente adesso? Pronto?
B: Sì adesso sento meglio, mi dica.
A: Dicevo che se per lei va bene noi verremo a montare il condizionatore domani pomeriggio verso le 4.
B: Ah ho capito, mi faccia guardare sull'agenda ... dunque ho un appuntamento alle 2 e mezza poi...sì direi che va bene...
A: Perfetto allora ci vediamo domani alle 4.
A: Va bene l'aspetto. Arrivederci.
B: A domani

Telefonata 2
A: Pronto?
B: Pronto, studio legale Venturini, cerco la signora Mancuso.
A: Sono io, buongiorno, mi dica.
A: Signora le volevo dire che il tribunale ha finalmente fissato la data dell'udienza, sarebbe il *(linea disturbata)* ...e mezza.
B: Pronto, pronto, non sento nulla, non la sento più, pronto? Pronto. Devo chiudere, non riesco a sentire più nulla, la richiamo subito.
B: Pronto?
A: Pronto studio legale. Signora Mancuso?
B: Finalmente adesso si sente bene. Mi stava dicendo dell'udienza.
A: Sì dicevo che il tribunale ha fissato la data dell'udienza per mercoledì 19 settembre alle 10 e mezza.
B: Ma è tra 5 mesi!
A: Purtroppo signora questi sono i tempi, lo avevamo messo in conto, purtroppo è così.
B: Accidenti, quanto tempo! Suppongo che non ci sia nulla da fare, vero?
A: Naturalmente no, non ci resta che aspettare...

5 Sei la persona che ha ricevuto le telefonate. Riascoltale e scrivi sull'agenda gli impegni che le telefonate stabiliscono.

Vedi telefonate attività precedente.

6 Le telefonate che ascolterai hanno problemi con la linea telefonica. Ascoltale e completale con le parti mancanti scegliendole, se vuoi, tra le frasi dell'attività precedente. Hai 15 secondi di tempo.

Telefonata 1:
A: Pronto, Arca Trasporti.
B: Sono Tucciarone, c'è l'ingegnere?
A: Sì, attenda in linea, prego! *(musica)*
C: Pronto?
B: Pronto ingegnere, sono Tucciarone, La chiamo per il trasporto a Mazzara del Vallo....
C: Ah sì Tucciarone, dunque possiamo fare il viaggio...
C: Pronto! Pronto, Tucciarone? Mi sente adesso?
C: Le stavo dicendo che il trasporto a Mazzara è fissato per...

Telefonata 2:
A: ... nel momento in cui Quindi avremmo deciso di inviarle un'altra copia... saldare il credito al più presto.

A: Mi sente adesso? Pronto! Pronto!
A: Le stavo dicendo che il trasporto a Mazzara è stato fissato per ...

7 Adesso riascolta le telefonate complete e controlla se le tue frasi erano appropriate.

Telefonata 1:
A: Pronto, Arca Trasporti.
B: Sono Tucciarone, c'è l'ingegnere?
A: Sì, attenda in linea, prego!
C: Pronto?
B: Pronto ingegnere, sono Tucciarone, La chiamo per il trasporto a Mazzara del Vallo....
C: Ah sì Tucciarone, dunque possiamo fare il viaggio...
B: Pronto, pronto, non si sente niente! Devo chiudere. La richiamo subito.
C: Pronto, Tucciarone? Mi sente adesso?
B: Sì, adesso sento meglio, mi dica.
C: Le stavo dicendo che il trasporto a Mazzara è fissato per...

Telefonata 2:
A: ...nel moneto in cui arriveranno. Quindi avremmo deciso di inviarle un'altra copia... saldare il credito al più presto.
B: Non riesco a capire! Non c'è campo, questo maledetto telefonino! Ha detto che invierete cosa?
A: Mi sente adesso? Pronto! Pronto!
B: Sì adesso sento meglio, mi dica.
A: Le stavo dicendo che il trasporto a Mazzara è fissato per...